KB096887

학생부
종합전형
핵심전략

학생부
종합전형
핵심전략

신홍규 · 윤윤구 · 장성민 지음

들어가는 글
입시 그리고 학종

초등학교를 마치고 너무나 사랑스러웠던 아이가 입시를 준비하는 수험생이 되어가면서 원수 아닌 원수가 되는 것이 현실입니다. 대학입시는 누구에게나 정말 어려운 문제입니다. 우리나라에서 입시는 다른 모든 이슈를 삼키는 무시무시한 대상이기도 합니다. 또한 교육과 입시를 둘러싼 현실은 계속 혼란스럽기만 하다는 점에서 난제 중 난제입니다. 백 가지 천 가지의 대학입시 방법이 있다고 난리를 치면서 끝없이 학부모들에게 돈을 내라고 말하는 사람들은 왜 이리 많은지…….

'이렇게 하면 된다더라, 저렇게 해야 한다더라, 그렇게 하면 안 된다더라 성공하려면 어디 학원을 보내야 한다더라…….' 교육과 입시에 관한 한 정말로 21세기 자본주의 사회를 살고 있음을 처절히 느낍니다. 조금 더 나은 대학에 가고자, 조금 더 나은 성적을 얻고자, 오늘도 열심히 그리고 아낌없이 경제력을 쏟아붓는 학부모들에게 묻고 싶습니다.

'입시에 대해서 좀 아시나요?'

'잘 모르죠. 모르기 때문에 자꾸 돈을 쓰죠. 더 많은 돈을 쓰면 더 좋은 성적을 만들 수 있지 않을까요?'

제발! 지난 투자의 결과들을 한번 보시죠. 진짜 원하는 만큼의 결과를 냈는지 봐야 합니다. 그리고 무언가 틀렸다는 생각이 든다면, 바로 지금부터 '입시'에 대해 '찐' 고민을 시작해야 합니다. 부모가 먼저 제대로 생각하고 고민하고 방향을 잡아야 합니다. 그래야 우리 아이들이 가장 효율적인 방법으로 자신이 원하는 대학에 진학할 수 있으니까요.

말도 안 되게 혼란스러운 교육정책의 변화를 보면서, 그리고 그 피해를 고스란히 감당한 채로 2022, 2023학년도 입시를 치러야 하는 학생들과 속이 타는 학부모들을 대하면서 많은 고민을 할 수밖에 없었습니다. 어찌 보면 교육정책이 어떠하냐보다 내 자식을 더 나은 대학에 보내야 한다는 절대적 목표가 더 중요했을 것입니다. 그래서 입시를 거시적으로 보지 못해 전체적인 전략 실패를 경험하기도 합니다. 이제 보다 객관적인 전략이 필요합니다.

학생들은 가지고 있는 역량이 매우 다양합니다. 그렇기에 대학을 갈 수 있는 방법도 다양한 것이 정상입니다. 어떤 학생은 정량적 평가에 강해 5지선다형 문제에 강하지만, 그렇지 않은 학생도 많다는 점을 생각해야 합니다. 창의력이 뛰어나 교과서로는 부족한 아이가 있고, 탐구심이 유난히 강해 하나의 문제에 깊이 집착하는 학생도 있습니다.

때로는 교사들이 감당할 수 없는 지적 호기심으로 무장한 학생도 있고, 학교가 받아들이기 어려운 문제를 묻는 학생도 있기 마련입니다.

지금의 입시는 그 모든 학생을 '수능' 앞에 세우려 합니다. 세상은 말할 수 없이 다양화되고, 더 많은 가능성을 이야기하고 있는데, 오직 입시만 유독 '하나의 길'을 말하며 그것을 '공정'이라는 단어로 설명하려 합니다. 수능이 모든 학생의 능력을 재단할 수 있다는 이상한 믿음을 가진 사람들이 '공정함'을 말합니다. 괴상한 논리일 수밖에 없습니다.

예를 들어 모든 학생이 수학을 잘해야 한다는 것은 말도 안 되는 소리일 수밖에 없습니다. 그런데 우리 입시는 뻔뻔하게도 그것을 요구합니다. 21세기 '수학공화국'을 살아가는 학생들, 특히 인문계열 학생들은 말도 안 되는 이런 논리 때문에 자연스럽게 대학을 포기하고 있습니다. 우리 아이가 가진 탁월한 역량이 어찌 수학 한 과목으로 결정되고, 문제 하나로 결정될까요? 그것이 정말 '공정'하고 '타당'한 것일까요?

오랜 시간 교단에서 저희가 가르치고 진학시킨 학생들은 그렇지 않았습니다. 자기 안에 무한한 가능성을 가지고 있었고, 객관식으로 표현할 수 없는 탁월함을 가지고 있었습니다. 대학입시가 그것을 반영할 수 있다면 우리는 보다 행복한 교실을 만들 수 있을 것입니다.

그래서 우리가 볼 수 있는 학생의 역량으로 우수한 대학에 보낼 수 있는 방법을 찾기 시작했습니다. '학종(학생부 종합 전형)'이 바로 그것입니다. **'같이 고민하고, 같이 생각하고, 같이 탐구하고, 같이 길을 찾아서 우리의 지적 역량을 한껏 강화할 수 있는 기회!'**

지금 몇 학년이든, 내신이 어떤 상태이든 이 책을 통해 입시를 이해한다면 완전히 새로운 길이 보일 것입니다. 자녀를 대학에 보낼 수 있는 모든 길의 장단점을 먼저 비교하고, 어떤 선택을 할 수 있는지를 보여주고자 합니다. 당면한 입시 문제가 고통이 아닌 기회가 되도록, 함께 충분히 준비하고 열렬히 고민하고자 합니다. 학교 현장에서 실제로 학생들을 지도하면서 터무니없는 내신을 가진 학생들을 믿기지 않는 대학에 보낸 경험과 데이터를 통해 제대로 된 입시의 길을 보여줄 것입니다. 입시 전문가 중에서도 최고의 전문가가 최대한 도울 것입니다.

이 책을 읽는 모든 학생과 학부모가 그 기회를 잡을 수 있길 바랍니다. 학종을 통해 길을 찾고, 입시를 뚫고, 자신의 가능성을 한껏 발휘하기를 응원합니다.

2020년 11월 30일

신홍규, 윤윤구, 장성민

차례

1장

대학으로 통하는 길

대학은 어떤 인재를 원할까?

입시를 둘러싼 환경은 지속적으로 변화하고 있습니다. 교육은 백년지대계라는 주장이 무색하리만큼 우리 교육은 시도 때도 없이 변합니다. 입시를 준비해야 하는 입장에서는 엄청난 스트레스죠. 너무 자주 변하다 보니 '사전 예고제'까지 시행하게 되었지만 그마저 아무렇지 않게 무시하고 다시 바꾸는 상황이 힘들기만 합니다. 이런 혼란으로 학생과 학부모는 지칠 수밖에 없습니다. 그로 인한 불안감 때문에 학원에 더 의지하는 현실이 슬픕니다.

하지만 입시에는 만고불변의 진리가 있습니다. 대학은 학생을 선발하고, 수험생은 그 대학에 가길 원한다는 것이죠. 즉 대학이 학생을 '선발'한다는 것이 핵심입니다. 가장 정상적인 질문은 이렇습니다. '대학은 어떤 학생을 선발하려 할까?' 이에 대한 답이 '입시'의 해결책이 될 것입니다. 사실 대답은 매우 단순하죠. '대학은 우수한 학생을 선발한다.' 너무 뻔해서 웃음이 나올지도 모릅니다.

하지만 이 뻔한 대답의 의미를 제대로 이해한다면 웃기가 힘듭니다. 먼저 '우수'라는 단어를 생각해보겠습니다.

우수란 무엇인가?

학부모와 학생이 함께 이 질문에 답하다 보면 당황할 것입니다. 사람마다 우수에 대한 의미가 다르기 때문이죠. 우수하다는 것은 매우 주관적인 개념인데 대부분 그 사실을 '전혀' 생각하지 않습니다. 그냥 자기가 믿고 싶은 대로 생각하는 경향이 있죠. 대학도 마찬가지입니다. 학교마다 우수를 생각하는 기준은 다릅니다. 이른바 건학이념이 다르기 때문이죠. 결국 우수에 대한 개념은 대학마다 다를 수밖에 없습니다. 그래도 입시를 통한 선발이라는 점을 감안하면 2022학년도의 '우수'는 크게 네 가지로 구분할 수 있습니다.

첫째, 전국 단위 시험인 수능에서의 우수함입니다. 정시로 대변되는 수능 성적의 우수는 전형적인 객관식 시험을 통한 검증입니다. 때로는 암기력, 이해력 등을 객관식으로 측정하는 시험이죠. '고등 사고력'을 수능에서 측정 가능한지는 아직 논란이니 논외로 하겠습니다. 현재 수능 체제와 수능 문제는 문제를 빨리 풀 수 있는 능력을 측정하는 시험이라는 점을 부인할 수 없는 상황이죠. 수능 수학 문제 1번부터 11번까지를 몇 분 만에 풀어야 한다는 말이 아무렇지 않게 나오는 사회에서 수능의 공정성을 말하기는 민망합니다.

둘째, 전국 단위인 수능보다는 폭이 좁은 내신성적으로 우수를 구분할 수 있습니다. 학교별로 다른 시험을 통해 측정하는 매우 '수상한' 내신 등급을 통해 우수함을 측정합니다. 고교 평준화라는 허명 속에서 균질적 집단에 대한 상대적 평가인 내신 등급이 이렇게나 존중받을 수 있다는 점이 놀라울 뿐입니다. 그러나 내신성적의 우수함은 매우 중요한 전형으로 자리 잡았습니다. 특히 지방거점국립대를 기준으로 그렇습니다. 문제가 있다고 판단한 대학이 학생부 교과 전형에 면접과 수능최저학력기준을 부여한 것은 우연이 아닙니다.

셋째, 비판적·논리적 사고와 독해력에 기반을 둔 논술에서의 우수함입니다. 논술 전형은 2022학년도 입시에서 그 폭이 조금 줄었지만, 정부가 폐지를 유도하고 있는 전형임에도 불구하고 3개 대학이 추가로 논술 전형을 신설했습니다. 물론 적성 전형을 유지하던 대학들이지만, 대학의 입장에서 우수한 학생들을 선발할 수 있는 전형이라고 판단해 논술 전형으로 이동한 셈이죠. 대학은 우수한 학생들이 대학 생활을 어떻게 하는지를 추적 조사합니다. 가끔 그 결과를 발표하는데, 학생부 종합 전형과 논술 전형으로 선발된 학생들이 대체로 우수한 성과를 내고 있습니다.

넷째, '자기주도적 학업역량'을 갖춘 학생을 선발하는 '학생부 종합 전형(학종)'에서의 우수함입니다. 근래에 많은 오해와 지탄을 받고 있지만, 전형으로서 학종은 매우 훌륭한 성과를 내고 있고 앞으로도 그럴 것입니다. 학종으로 선발한 학생들은 대학에서 우수한 성적을 내고 있고, 지방에 있는 고교에서 주요 대학으로 진학할 수 있는 가장 중요한 전형입니다. 수도권 고교의 입시 결과와 지방 고교의 입시 결과를 비교하면 명확하게 알 수 있죠. 개인을 둘러싼 교육적, 지역적, 사회적 환경을 고려한 평가가 가능한 학종은 개별 학생이 자신이 처한 상황과 환경을 극복해가는 과정을 통해 우수함을 증명하는 전형입니다. 할 말이 산처럼 많지만, 조금씩 풀어내도록 하겠습니다.

이렇게 대학은 전형이라는 방식을 통해 원하는 우수한 인재를 선발하고자 합니다. 대학의 이런 의도를 이해한다면 지금 우리가 무엇을 해야 하는지를 선명히 알 수 있습니다. **자신이 가진 우수함을 알고 명확히 결정하고 집중한다면 대학 진학의 길은 생각보다 어렵지 않습니다.** 대학은 학생의 우수함에 집중하기 때문입니다. 학생의 부족함이나, 못하는 어떤 것에 집중하지 않습니다. 가장 강력한 힘을 발휘하는 부분의 우수함에 집중하는 것이죠. 그러니 지금 당장 자신의 우수함을 분석하는 것에서 입시의 출발점을 찾으면 됩니다. 어떤 우수함을 전략적으로 선택할 것인가에 대한 대답이 '성공하는 입시'의 출발점이 됩니다. 이제 2022학년도 입시를 준비하는 모든 학생과 학부모에게 꼭 하고 싶은 이야기를 꺼내려고 합니다. 전형별 장단점과 지금까지의 데이터를 정리해보았습니다. 과연 내가 지원해야 할 전형, 내가 주력으로 밀고 가야 할 전형에 대한 고민들을 깊게 숙고해보는 계기가 되길 바랍니다.

'수능 귀신'들의 정시 전형

2022학년도 입시를 준비하는 학생과 학부모는 기본적으로 정시에 대한 고민이 많을 수밖에 없습니다. 언론에서도 정시 확대를 강조하는 상황이고 마치 모든 학생이 반드시 정시를 준비해야 할 것 같습니다. 학생은 너무 쉽게 정시를 외치고, 학부모 또한 그렇습니다. 그러면서 열렬히 학원을 보내고 내신도 수능 성적도 오르리라는 막연한 기대를 가집니다. 입시 전문가의 입장에서 보면 현실을 외면하고 편한 길을 찾으려는 상황으로 보입니다.

정시는 알다시피 거의 '수능 성적'으로 대학을 진학하게 됩니다. 여기서 성적이라 함은 '표준점수'와 '백분위'로 나타나는데, 쉽게 생각하면 상위권 대학은 변별을 위한 표준점수를 선호하고, 중하위권 대학은 대체로 백분위를 선호합니다. 정시 전형을 분석하기 위해서는 일단 조금 복잡하긴 하지만, 응시 인원에 대한 분석이 필요합니다.

출생 연도	고교 입학 연도	대입 학년도	현재 학년	학생 수(명)	증감 (전년대비)
2002	2018	2021	고3	445,479	-56,137
2003	2019	2022	고2	463,932	+18,453
2004	2020	2023	고1	448,125	-15,807

위 표를 보면, 2022학년도 수능을 보는 2003년생은 전체 학령인구가 약 46만 명입니다. 통계상으로 이 학생들 중 약 12만 명이 여러 이유로 수능을 치르지 않습니다. 이른바 N수생이 2020학년도를 기준으로 약 13만 명이니 실제 수능을 치르는 인원은 대략 47만 명이 될 것입니다. 일단 1등급은 4% 수준이니, 벌써 1등급 인원이 준다는 점은 이해가 될 것입니다. 일차적으로 수능최저학력기준 달성에 빨간불이 켜진 것이죠.

재수생? N수생?

사실 더 심각한 고민은 N수생들이 정시에서 압도적 우위에 있다는 것입니다. 전체 4년제 대학에서 재수생의 비율은 20% 수준이지만, 서울에 있는 대학의 재수생 비율은 30%를 훌쩍 넘겼습니다. 문제는 상위 대학으로 갈수록 이 비율이 심각하게 증가한다는 점이죠. 이른바 SKY 대학에서는 서울대가 거의 60% 수준이고, 고대와 연대가 거의 70%

수준입니다. 결국 SKY를 정시로 가는 학생 10명 중 7명이 N수생이라고 볼 수 있습니다.

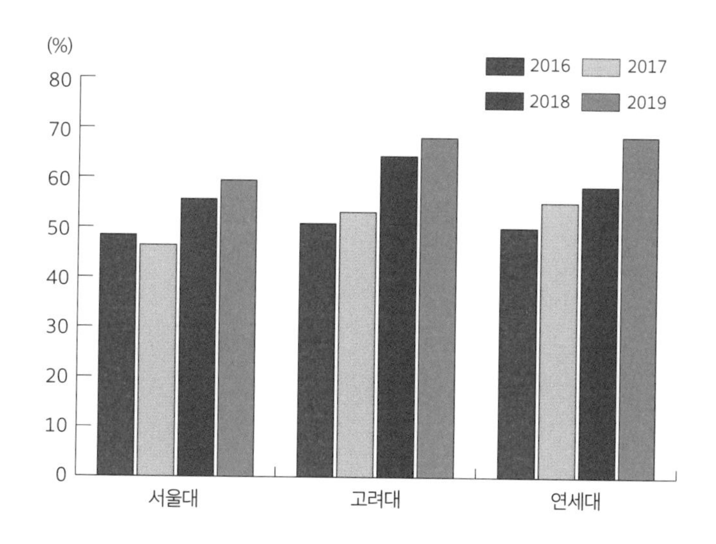

SKY 정시 합격자 중 N수생 비율

또 다른 문제는 재학생의 학령인구가 감소하면서 수능에서 N수생이 차지하는 비율이 높아지고 있다는 점입니다. 2021학년도 수능에서 재학생 외 비율은 30%를 무난히 넘을 것으로 보입니다.

학년도	정시 선발 비율	재학생 외 비율
2019	23.80%	24.70%
2020	22.70%	28.20%

단순 재수생의 비율 증가보다는 상위권 재수생이 전반적으로 증가하고 있다는 점이 더 심각한 문제라고 할 수 있습니다. 여기에는 상위권 대학 지원, 의대·약대 지원, 서울 상위권 대학의 정시 비율 증가, 경제적 문제 등 다양한 이유가 있겠지만, 더 근본적인 원인 중 하나는 현재 수능 체제는 더 많은 시간을 들인 수험생이 압도적으로 유리하다는 것입니다. 그러니 재수를 하면 보다 유리한 선택을 할 수 있다는 인식이 팽배해지고 있죠.

그럼, 실제 수능 성적을 분석해볼까요? 한국교육과정평가원에서 제공한 2019년 수능 결과 분석 자료를 바탕으로 이야기해보겠습니다. 다음 그래프를 보면 졸업생이 재학생보다 높은 표준점수 평균을 보이고 있습니다. 이 데이터를 등급 분포로 보면 더 선명하게 재학생과 재수생의 수능 성적 차이를 알 수 있습니다.

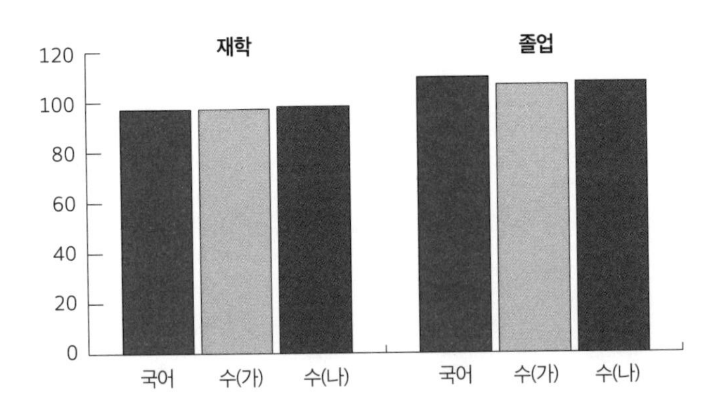

2019학년도 대수능 표준점수 평균 (재학생 / 졸업생)

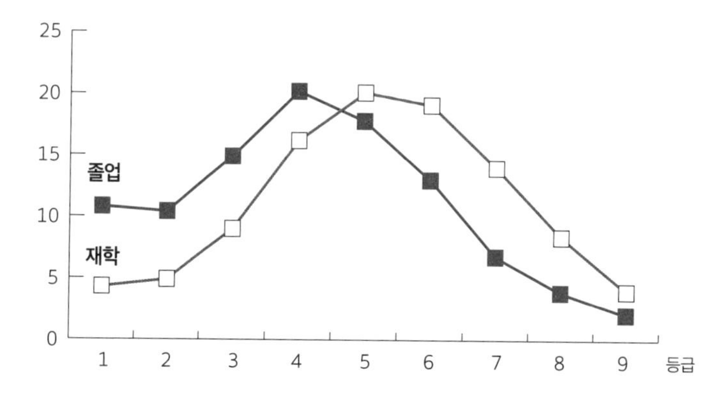

2019학년도 대수능 등급 분포 (재학생 / 졸업생, 수리 가형)

상위 성적 그룹에서 졸업생의 성적이 앞서고 있습니다. 여담이지만, 이 자료를 지역별로 살펴보면 수능의 문제점이 선명하게 드러납니다. 수능 시험의 '공정성'을 말한다는 것이 얼마나 허망한지 알 수 있습니다.

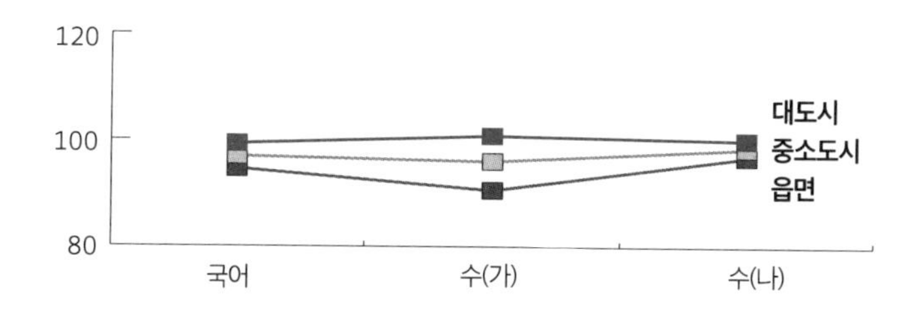

2019학년도 대수능 표준점수 평균 (소재지별)

정시 전형을 준비하기 위해서는 N수생을 염두에 두고 공부할 필요가 있습니다. N수생은 이미 학교를 졸업했기 때문에, 공부에 더 집중할 수 있죠. 학교를 다니는 재학생은 학교 행사, 내신 시험, 수행 평가, 학종 준비 등 할 것이 많습니다. 시간이 부족한 대신 집중력을 높여야 하는데, 재학생으로서는 쉽지 않죠. 그렇다고 이러한 사실을 일반화할 수는 없습니다. 정시 전형에 적합한 재학생도 있으니까요. 성공하는 입시를 위해서는 자신에게 맞는 전형을 선택하는 것이 매우 중요합니다. 그러니 정시 전형을 고민하고 있는 학생은 지금보다 더 많은 공부 시간을 투자해야 한다는 각오를 가지고, 더 열정적으로 공부해야 합니다.

왜냐고요? 정시 전형에는 **'수능 귀신'**들이 살고 있으니까요!

'극강 내신러'들의 학생부 교과 전형

대학으로 가는 그 두 번째 길은 학생부 교과 전형입니다. 잘 아는 바와 같이 대체로 내신성적으로 경쟁하는 전형이죠. 학생부 교과 전형의 가장 큰 문제는 서울의 주요 대학과 지방의 거점국립대학의 온도 차가 지나치게 크다는 점입니다. 쉽게 말하면, 내신성적이 압도적으로 중요한 전형인 학생부 교과는 지방의 거점국립대를 준비하는 학생에게는 너무나 중요한 전형이지만, 서울의 주요 대학을 생각하는 학생에게는 매력적인 전형이 되기 어렵습니다. 서울의 주요 대학은 학생부 교과 전형으로 모집하는 인원이 그리 많지 않습니다.

인원은 많지 않은데, 지원하는 학생이 많으니 당연히 '극강 내신'이 대부분을 차지하죠. 전국의 내신 최고수들이 총집결하는 경쟁의 장이니만큼 학생부 교과 전형으로 지원할 수 있는 학생의 지원 풀은 적을 수밖에 없습니다. 이는 대체로 경쟁률이 낮게 형성된다고 볼 수 있습니다. 그리고 극강의 내신을 가진 학생들인 만큼 보다 높은 대학을 학생부 종합 전형으로 상향 지원하려 하죠. 그러다 보니 중복 합격이 매우 많은 전형이기도 합니다. 이는 합격 후에 빠져나가는 학생이 많다는 말이고, 곧 충원율이 높다는 의미입니다. 여러 전형 중 학생부 교과 전형의 충원율이 가장 높습니다.

마지막으로 학생부 교과 전형으로 합격한 학생은 대학 생활 중에 많은 고민을 하기도 합니다. 결국 다시 도전을 준비하는 학생들이 생기죠. 학생부 교과 전형으로 합격한 학생의 대학 중도 탈락률은 높습니다. 대학 입장에서 보면 반길 만한 일이 아니죠.

2022학년도 서울 주요 대학 학생부 교과 전형 선발인원

대학	교과	
	인원(명)	비율(%)
건국대	340	10.0
경희대	544	10.2
고려대	839	20.0
동국대	398	13.0
서강대	172	10.0
서울대	-	-
서울시립	323	17.9
성균관대	361	9.8
숙명여대	243	10.1
연세대	523	13.9
이화여대	400	12.2

인하대	385	10.1
중앙대	501	10.0
한국외대	373	10.3
한양대	320	10.0

서울의 주요 대학이 학생부 내신 100%로 뽑는 경우가 많지 않습니다. 수능 최저가 있거나, 면접이 있거나 서류를 반영하는 등 제약이 있습니다. 특히 문제가 되는 것은 서류 반영입니다. 비교과를 반영하는 대학들은 대체로 '출결과 봉사'를 반영하므로 학생부 교과의 성격을 그대로 수용하지만, '서류'를 반영한다는 것은 사실상 '학생부 종합' 전형의 변형입니다.

상위권 대학을 지원하는 학생들의 내신이 유사하다는 점을 감안하면, 결국 서류로 선발한다는 의미라고 볼 수 있습니다.

2022학년도 서울 주요 대학 학생부 교과 전형 세부 분석

대학	전형명	전형방법	추천	수능최저
건국대	KU지역균형	교과100	고교추천	O
경희대	고교연계	생부100	인2, 자3, 예1	O
고려대	학교추천	교과80+서류20	재적 4%	O
동국대	학교장추천	교과60+서류40	학교별 7명	X
서강대	학교장추천	교과90+비교과10	학교별 10명	O
서울대	지역균형	서류70+면접30	고교별 2명	O
서울시립대	지역균형	교과100	고교별 4명	O

성균관대	학교장추천	학생부100	고교추천	O
숙명여대	지역균형	교과100	재적(여)10%	O
연세대	추천형	교과60+면접40	재적 5%	X
이화여대	고교추천	교과80+면접20	재적(여)5%	X
인하대	지역추천	교과100	고교당 7명	O
중앙대	지역균형	교과70+비교과30	고교별 10명	O
한국외대	학교장추천	교과90+비교과10	고교별 20명	O
한양대	지역균형	교과100	재적 11%	X

서울의 주요 대학의 학생부 교과 전형은 내신성적을 베이스로, 추천이라는 '특정한 자격'이 있고, 면접과 서류를 어느 정도 준비한 학생에게 유리하게 작용합니다. 실제 합격생들의 내신 평균을 대학별로 봐도 지원할 수 있는 학생의 범위가 정말 작습니다.

정말 **'극강 내신러'**들의 경쟁이라고 볼 수 있죠.

2020학년도 학생부 교과 전형 합격생 평균 성적

대학명	계열	합격자 평균		합격자 평균 (75%)
		최고	최저	
고려대	인문	1.1	1.7	1.3
	자연	1.0	22	1.3
서울시립대	인문	1.3	1.8	1.6
	자연	1.2	1.9	1.6
한양대	공통	1.02	1.75	1.2

반면에 지방거점국립대(이하 지거국)에서는 상황이 좀 다르게 나타납니다. 지거국 전체 선발인원 3만 4,074명 중 학생부 교과 전형 선발인원은 1만 3,080명입니다. 비율상으로는 38.4%로 모든 전형 중 가장 비율이 높습니다. 즉 지거국이 목표인 학생에게 가장 중요한 전형은 학생부 교과 전형입니다.

2022 지방거점국립대학교 학생부 교과 전형 선발인원

대학	선발인원(명)
강원대	1,447
경북대	1,337
경상대	1,240
부산대	1,394
전남대	2,118
전북대	1,834
제주대	845
충남대	1,659
충북대	1,206
계	13,080

지거국의 학생부 교과 전형은 교과 성적 100% 반영이고, 단계형 전형 없이 모두 일괄 전형이며, 수능 최저가 대체로 단과대학별로 다르다는 특징을 가지고 있습니다. 특히 2022학년도 입시에서 주목할 부분은 진로선택 과목의 반영 방법인데, 대체로 진로선택 과목의 상위

3과목을 반영합니다. 최근 들어 지거국을 중심으로 지역 인재 전형 비율이 서서히 증가하고 있습니다. 특히 의대와 약대의 선발이 크게 증가할 2022학년도 전형에서 지역인재 전형은 매우 중요한 전형 중 하나로 자리 잡을 것이 확실합니다.

지거국의 학생부 교과 전형 합격자 평균은 서울의 주요 대학에 비해 많이 낮습니다. 가장 큰 이유는 모집 인원이 워낙에 많기 때문이라고 볼 수 있습니다.

2020학년도 지방거점국립대 합격자 교과 평균

대학	학과	경쟁률(%)	교과 평균
강원대	바이오산업공학	4.5	3.7
경북대	물리학과	9.73	2.34
경상대	기계융합공학	12.90	3.96
부산대	공공정책학부	7.43	2.21
전남대	자율전공	6.5	3.06
전북대	기계공학과	4.77	2.82
제주대	사회학과	5.8	4.0
충남대	기계공학부	9.6	2.53
충북대	경제학과	8.9	2.4

지거국을 목표 대학으로 설정한다면 반드시 수능최저학력기준을 학과별, 단과대학별로 확인해야 하고, 정량적 평가인 만큼 전년도 합격선을 토대로 준비해야 합니다. 가장 중요한 것은 학생부 종합 전형

과의 밸런스입니다.

'그렇다면 나는 도대체 어떤 전형으로 대학에 갈 수 있을까?
수능 귀신도 피해야 하고 내신 귀신도 피해야 하는데.'

'대박 신화'가 된 논술 전형

내신도 비교과도 정시도 자신 없는 학생은 대체로 논술로 눈을 돌립니다. 나쁘지 않은 선택이죠. 다만 지나치게 많은 학생들이 비슷한 생각을 한다는 점이 문제입니다. 즉 경쟁률이 과도하게 높은 전형이죠. 한 가지 핵심적인 요소를 이야기하자면, 수능최저학력기준을 달성하면 경쟁률이 생각보다 높지 않습니다. 논술 전형의 첫 번째 관문은 수능최저학력기준 충족입니다. 그러니 수능 준비부터 철저히 하는 것이 반드시 필요합니다. 대학마다 편차가 크지만, 지원자의 70% 정도가 수능최저학력기준을 달성하지 못해 탈락한다고 보면 됩니다.

각 대학의 논술 기출 문제와 결과를 살펴보면 객관식 성적과 무관하게 수학적 역량, 과학적 역량, 사회적 역량을 가진 학생이 우수한 결과를 보입니다. 그러다 보니 논술에서 성공한 사례가 크게 돋보여 이른바 '대박'이라고 불리는 케이스가 되기도 합니다.

문제는 이 대박이 자기 일이 될 것이라고 믿는 수험생이 너무 많다는 점입니다.

논술을 생각하고 고민하는 수험생들에게 한 번 더 생각해보기를 권합니다. 기출 문제를 미리 풀어보면 스스로 가능성을 알 수 있습니다. 특히 논술은 충원율이 매우 낮은 전형입니다. 일단 합격하면 다른 대학을 선택하는 경우가 많지 않습니다. 간혹 예비 합격자 1번을 받고도 불합격하는 경우들이 있죠. 특히 인기 학과는 경쟁률은 높고 충원율은 낮은 경향이 강하죠.

정부의 논술 전형 폐지 유도에도 불구하고, 2022학년도 논술 전형을 신설한 대학이 있습니다. 가천대, 고려대(세종), 수원대를 포함해 총 36개교가 논술 전형을 진행합니다. 학교당 모집 인원이 점차 줄고 있는 추세지만, 여전히 **'패자부활전'** 역할을 어느 정도 수행하고 있는 것도 사실입니다.

논술 전형 선발인원

구분	대학 수	모집 인원	학교당 인원
2021	33개교	11,162명	338명
2022	36개교	11,069명	307명

주목할 점은 논술 전형 모집 인원이 전국적으로 보면 3% 수준이지만, 서울 주요 대학에서는 10% 수준으로 정시, 학종, 교과에 이은 네 번째 선발 전형이라는 점입니다.

다만 학교별 선발인원이 줄어든 만큼 논술 전형만 노리고 6논술(수시지원 6개를 모두 논술로 지원)을 지원한다면 매우 위험하다는 점을 꼭 강조하고 싶습니다.

2022학년도 서울 주요 대학 논술 전형 선발인원 및 비율

대학	논술	
	인원(명)	비율(%)
건국대	435	12.8
경희대	493	9.3
고려대	-	-
동국대	340	11.1
서강대	169	9.9
서울대	-	-
서울시립	77	4.3
성균관대	357	9.7
숙명여대	228	94
연세대	346	9.2
이화여대	330	10.1
인하대	509	13.4
중앙대	686	13.7
한국외대	477	13.1
한양대	241	7.6

논술 전형의 첫 번째 관문은 수능최저학력기준 충족이고, 두 번째는 당연히 논술 실력입니다. 논술 전형에서 논술과 내신의 비율에 따라 여러 대학들이 구분되는데, 현실적으로는 내신 반영이 큰 의미가 없습니다. 대부분의 대학에서 내신 1~6등급 간 점수 차이가 크지 않습니다. 그래서 논술 점수에 의해 얼마든지 역전이 가능하다고 볼 수 있죠.

실제 대학이 발표하는 자료들을 살펴보면, 서울 주요 대학도 4등급 이하가 제법 높은 비중을 차지하고 있습니다. 예를 들어 서울 상위 대학인 성균관대학은 인문과학계열에서 논술로 합격한 학생 중 4등급 이하가 30%를 넘는 것으로 나타납니다(출처: 성균관대학교 입학 설명회 자료).

	1-1.99 등급	2-2.49 등급	2.5-2.99 등급	3등급대	4등급대 이하
자연과학계열	6.8%	18.6%	13.6%	44.1%	16.9%
인문과학계열	3.4%	18.6%	10.2%	37.3%	32.2%

성균관대학교 논술 합격자 내신 분포

논술 대박 사례를 접하고 나면 자꾸 논술에 마음이 갈 수 있습니다. 하지만 수능최저학력기준을 달성할 수 있는지, 대학별 논술 유형에 대해 적합성이 있는지, 논술 문제가 분석이 되는지를 꼼꼼히 살펴야 합니다. 단지 글을 잘 쓰기 때문에, 수학 문제를 잘 풀기 때문에 논술 전형을 고민한다면 절대 말리고 싶습니다. 논술도 대학 입학을 위한 전형입니다. 당연히 그 평가 기준이 엄격하다는 점을 꼭 기억해야 합니다.

쉽기 않기 때문에 대박인 것입니다!

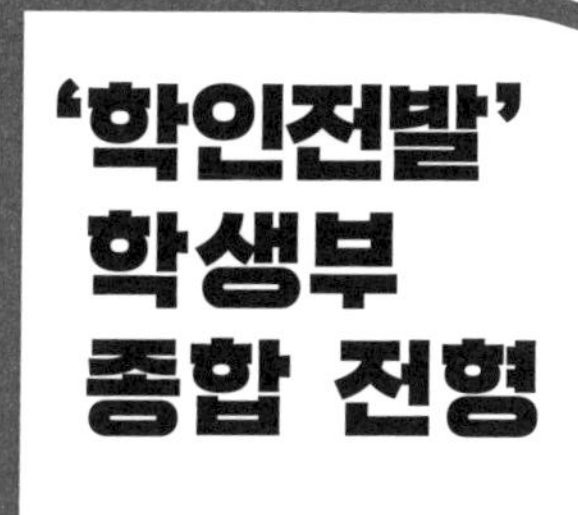

'학인전발' 학생부 종합 전형

이제, 대학으로 가는 네 번째 길, 재학생에게 가장 설득력 있는 길인 학생부 종합 전형(이하 학종)에 대해 알아보겠습니다. 한동안 우리나라를 시끄럽게 했던 '깜깜이'라는 단어로 대표되는 학종은 사실 무수히 많은 장점이 깜깜이라는 단어 하나로 무시된 안타까운 전형입니다. '공정'의 가치를 내걸고 이루어진 일련의 교육 정책들이 시대의 흐름을 거슬렀고, 많은 문제가 있었다는 점은 익히 알 것입니다. 당장 입시를 치러야 하는 학생과 학부모의 입장에서는 지금의 상황이 정말 말도 안 되는 상황일 것입니다.

그렇다 해도 '나는 대학을 가야 한다'라는 명제에서 출발해야 합니다. 앞서 대학으로 가는 길들을 살펴보았는데, 생각보다 쉽지 않아 보일 것입니다. 수시에서 재학생이 가장 강점을 보이는 전형은 당연히 학종입니다. 물론 최근에는 재수생이 학종에서 합격하는 비율이 조금씩 증가하고 있죠. 하지만 상위권 대학의 학종 전형에서 재학생 비율이 80%를 웃돌고 있습니다. 재학생이 압도적 우위를 보이는 전형을 굳이 포기할 필요가 없다고 봅니다.

다만 학종에 대해 시중에 떠도는 가짜 뉴스들을 정리할 필요가 있습니다. 자, 그럼 신문기사를 예로 들어 이야기해보겠습니다.

서울대 수시합격생 스펙 보니... 상장 108개, 봉사활동 489시간

> 2019학년도 합격자 현황 공개
> 평균 동아리활동 108시간... 봉사 139시간·교내 수상 30건
> "깜깜이 전형에 量 늘리기 허덕... 구체 평가기준 밝혀 불신 씻어야"

합리적 이성과 건전한 사고를 가지고 있다면 기사 제목에 의문을 표하는 것이 지극히 당연합니다. 그냥 '와, 대학 가기 엄청 힘드네'라고 생각하고 지나가면 학종은 도전할 수 없는 영역이 되지만, 나름 학종을 열심히 준비한 학생이라면 '정말 그럴까?'라는 의심이 들 것입니다.

기사의 제목은 마치 서울대 수시 합격생이 되기 위해서는 상장이 108개 있어야 하고, 봉사활동도 489시간 해야 한다고 주장하는 것처럼 보입니다. 하지만 그렇지 않습니다. 그렇게 보이도록 쓴 것에 불과합니다. 그래야 사람들이 기사를 더 많이 볼 테니까요. 현실은 '각 영역'에서 가장 뛰어난 실적을 보인 학생들에 불과합니다. 이 상황을 정시에 빗대면 기사 제목을 이렇게 바꿀 수 있습니다.

'서울대 정시 합격생 스펙 보니, 국수영탐 모두 만점'

이게 말이 되나요? 상식을 가진 사람이라면 이 기사를 보고 수시 합격생의 '평균'에 대해 의문을 가질 필요가 있습니다.

그렇다면 평균은 어떨까요? 합격자들의 수상 평균은 30개 정도입니다. 5개 학기가 반영되니 학기당 6개의 상장을 받은 셈이죠. 좀 많다고 느껴지나요? 이들은 우리나라 최고의 대학을 생각하고 있는 학생들입니다. 쉽게 말해 각 고등학교의 1등들이라고 할 수 있죠. 그들이 받은 교과 우수상만 보태도 꽤 많습니다. 그러니 실제 평균 30개는 그리 많다고 보기가 어렵습니다. 사실 더 말도 안 되는 사실이 있습니다. 기사는 최대가 108개이고 그다음이 104개라고 합니다. 평균이 30개인데 최대가 108개면 아주 적은 수상으로 서울대에 입학한 학생은 과연 몇 명일까요?

'결국 서울대가 수상 개수에 연연하지 않는다'는 사실을 정확히 보여주는 기사입니다.

봉사활동 실적에 대한 내용은 더 화가 납니다. 합격생 중 봉사활동 400시간이 넘는 학생은 몇 명이나 될까요? 기사 제목에 대한 '합리적 의심'이 생길 수밖에 없습니다. 서울대 수시 합격생 2,500여 명 중 6명에 불과합니다. 심각한 과대 포장입니다. 평균 봉사 시간은 139시간이라고 합니다. 역시 합리적인 의심이 가능합니다. 평균 139시간, 최대 400시간, 그럼 합격자의 봉사 최소 시간은 몇 시간일까요? 봉사활동 시간은 서울대 학종에서 큰 의미를 보이지 않습니다. 봉사 시간이 많기 때문에 우수한 학생이라고 평가할 '수준 낮은' 교수는 서울대에 없을 것입니다.

부연하자면, 400시간 넘는 봉사활동은 대체로 특정 분야에 대한 '봉사의 결'을 가진 학생들의 사례입니다. 500시간 넘게 봉사활동을 한 학생을 지도한 적이 있습니다. 진짜 멋진 학생이었죠. 그는 어마어마한 봉사 시간을 어디에서 채웠을까요? 학생은 초등학교 5학년부터 부모님과 함께 국립 소록도 병원으로 방학 때마다 봉사활동을 다녔습니다. 자연스럽게 봉사를 삶으로 살아가는 '작은 영웅의 삶'을 배워가는 학생이었죠. 그런 의미 있는 봉사로 채운 500시간이 단지 대학을 가기 위한 방편으로 폄하되니 무척이나 안타깝습니다.

학종은 다수의 사람이 이야기하는 것과 달리 평가요소가 명확히 제시된 시험입니다. 즉 공부가 필요한 것입니다. 이제 본격적으로 학종에 대한 공부를 해보겠습니다.

학종의 평가요소

학종의 평가요소는 대학마다 다양하게 나타나지만, 대체로 서울 주요 6개 대학이 공동으로 연구한 보고서를 사용하는 것이 의미 있다고 봅니다. 세부 내용은 대학마다 다르지만, 기본적인 '우수함'을 평가하는 기준은 유사하기 때문이죠. 건국대, 경희대, 서울여대, 연세대, 중앙대, 한국외대가 '학생부 종합 전형 공통 평가요소 및 평가항목'을 공동 연구하고 발표했습니다. 이 내용을 지방거점국립대에서도 사용하고 있으니, 대표적인 학종 평가요소로 볼 수 있습니다.

물론 세부적인 평가요소는 대학마다 조금씩 다르지만, 학종 평가요소의 전반적 흐름을 이해하는 데에는 확실히 의미 있는 지표라 할 수 있죠.

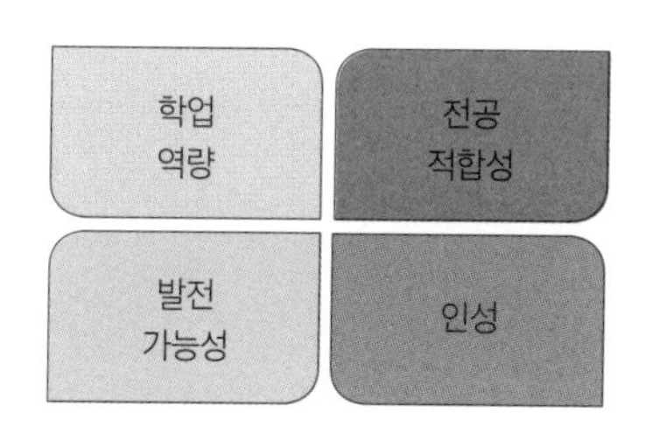

학생부 종합 전형의 평가요소

이 보고서의 내용을 토대로 학종 평가요소를 "학인전발"이라는 표현으로 사용하고자 합니다. '학업역량, 인성, 전공적합성, 발전가능성'의 앞 글자를 모은 말이죠. 사실 이 평가요소의 세부를 알기 위해서는 아주 긴 설명이 필요합니다. 이 책에서는 전체적인 내용 위주로 정리해보고자 합니다. 학인전발을 전략으로 펼쳐낼 완벽한 핵심 노하우들을 보여줄 것입니다. 실제 학생들을 지도하고, 결과물을 만드는 기적 같은 스토리들을 지금 당장 도전할 수 있는 형태로 제공할 것입니다. 기대해도 좋습니다.

학종의 핵심은 '학인전발'이라는 단어로 요약되는 '역량'에 있습니다. 다시 한 번 강조하겠습니다. **핵심은 '역량'입니다. '활동'이 아닙니다.**

다양한 활동이 중요하다, 우수한 활동이 필요하다는 말은 다 몰라서 하는 말입니다. 자꾸 활동치를 이야기하니 본질을 보지 못하고 하는 말들이죠. 수상이 많아야 하고, 봉사 시간이 많아야 하고, 어쩌고저쩌고…….

가장 본질적인 질문을 하겠습니다. 대학이 그런 학생을 원할까요?

핵심은 역량에 있습니다. 특정 활동을 통해 우수한 역량을 증명한 학생이 좋은 평가를 받습니다. 제가 항상 묻는 질문이 있습니다. '의대를 학종으로 가고 싶은 학생은 봉사활동으로 무엇을 해야 할까?' 머릿속으로 떠오르는 대답은 당연히 '병원 봉사'겠죠. 그런 생각이 든다면 학종에 대한 공부가 많이 부족한 것입니다. 입학사정관이나 대학 교수는 그렇게 수준이 낮지 않습니다.

합리적 의심 하나! 고등학생은 도대체 병원에서 어떤 봉사활동을 할까요? 병원에서 봉사활동을 하는 학생을 본 경험이 있을지도 모르겠습니다. 그 학생의 봉사활동이 '의사'가 되기 위한 역량을 보여주는 활동이었을까요? 당연히 아닙니다. 제발 그런 단순하고 수준 낮은 전공적합성은 이야기하지 않기로 해요. 아니, 생각도 하지 마세요.

학종은 정성적이고 종합적인 평가를 지향하고 있습니다. 그래서 내신성적의 영향을 생각보다 많이 받지 않죠. 그렇다고 내신성적이 중요하지 않다는 의미가 아닙니다. 내신성적은 물론 중요합니다. 당연한 평가요소입니다. 하지만 내신의 우수함이 학생의 우수함을 보증하지는 못합니다. 100점 받은 학생이 95점 받은 학생보다 우수하다고 말할 수 있을까요? 당연히 아닙니다. 객관식 풀이 능력은 우수하지만, 학생이 가진 역량과 능력이 객관식만으로 평가될 수 없다는 것을 우리는 잘 압니다. 내 자녀가 가진, 내가 지도하는 학생이 가진 모든 역량이 점수로 다 표현될 수 있다고 생각한다면 학종은 의미 없는 전형이 됩니다. 하지만 절대 그럴 수 없다는 것을 우리는 잘 알죠. 학종은 5지선다로 표현할 수 없는 능력을 가진 학생을 종합적으로 평가하기 위한 전형이라는 점을 꼭 기억해야 합니다.

주요 대학의 2022학년도 학종 전형은 수능최저의 완화 혹은 폐지 가능성의 증가, 합격생의 내신 범위가 넓고, 개별 학과를 위해 학종을 미리 준비하는 학생이 증가하고 있다는 특징이 있습니다. 2022학년도 서울 주요 대학 학종 전형 선발인원과 비율을 보면 매우 많은 학생을 학종으로 선발한다는 사실을 알 수 있습니다. 심지어 학종은 '재학생'이 압도적으로 높은 합격 비율을 보이는 전형입니다. 지금부터 제대로 된 준비를 시작한다면 얼마든지 학종으로 합격할 수 있습니다.

2022학년도 서울 상위권 대학 학생부 종합 전형 선발인원 및 비율

대학	선발인원(명)	비율(%)
건국대	1,174	34.6
경희대	1,698	31.9
고려대	1,524	36.3
동국대	911	29.8
서강대	647	37.7

서울대	2,394	69.9
서울시립	612	33.9
성균관	1,340	36.5
숙명여대	728	30.1
연세대	1,041	27.6
이화여대	1,044	31.8
인하대	1,594	42.0
중앙대	1,630	32.6
한국외대	1,173	32.3
한양대	1,070	33.5

서울 주요 대학의 학종 전형은 수능최저학력기준이 거의 폐지되고, 일부만 남아 있는 상황입니다. 수능최저학력기준이 상위권 대학에서 폐지된다는 것은 그만큼 대학이 학생부 종합 전형 선발 과정과 결과에 확신을 가지고 있다는 의미로 볼 수 있습니다. 즉 우수한 학생을 정확히 선발할 수 있다는 자신감의 표현인 셈이죠.

2022학년도 서울 주요 대학 학생부 종합 전형 상세

대학명	전형명	수능최저학력기준
경희대	네오르네상스	인문: 국, 수, 영, 사/과(1), 2개 합 5, 한5 자연: 국, 수, 영, 과(1), 2개 합5, 한5 의예/한의예/치의예/예술/체육 별도
고려대	일반 학업우수	인문: 국, 수, 영, 사/과(2), 4개 합7, 한3 자연: 국, 수, 영, 과(2), 4개 합8, 한4 반도체공학/의과 별도
서울대	지역균형	국, 수, 영, 사/과(2), 3개 2등급 기악/국악 별도

연세대	활동우수	인문/사회: 국, 수, (사)/과(2), 2개 합4, 영3, 한4 자연: 수+국/과(2), 2개 합5, 영3, 한4 의예/치의예/약학 별도
이화여대	미래인재	인문: 국, 수, 영, 사/과(1), 3개 합6 자연: 국, 수, 영, 과(1), 3개 합6 의예/약학/미래/스크 별도

학종 경쟁률은 지원 자격 제한이 있는 경우를 빼고는 대체로 유사해 보입니다.

2020학년도 서울 주요 대학 학생부 종합 전형 경쟁률

대학명	전형명	경쟁률	대학명	전형명	경쟁률
건국대	KU자기추천 KU학교추천	20.15 8.19	성균관대	계열 학과	14.65 10.44
경희대	네오르네상스 고교연계	14.65 5.2	숙명여대	서류형 면접형	10.97 19.63
고려대	일반 학교장추천 II	11.22 6.91	연세대	활우형 국제형 면접형	10.79 4.58 8.19
동국대	Do Dream 학교장	16.65 7.66	이화여대	미래인재	7.76
서강대	학업형 종합형	13.5 14.22	중앙대	다빈치형 탐구형	15.02 13.37
서울대	지역균형 일반	3.26 8.42	한국외대	학생부종합	8.18
서울시립대	학생부종합	14.38	한양대	일반	15.26

학종 합격자들의 내신 평균은 다소 높다고 볼 수 있습니다. 특히 상위권 대학은 매우 높은 것이 사실입니다. 하지만 여기에는 착시현상

이 나타납니다. 상위권 대학은 전국의 우수한 재학생들이 도전하기 때문에 내신은 기본적으로 높을 수밖에 없죠.

그러니 전체 내신 등급 분포를 보면 상당히 도움이 됩니다. 지원자 혹은 합격생의 내신 분포를 처음으로 유의미하게 공개한 대학이 경희대학교입니다. 지원한 학생들을 보면 예상 외로 낮은 등급의 학생들이 많다는 점을 알 수 있습니다. 단순하게 생각할 필요가 있습니다. 내신 1등급대의 학생들도 지원하고, 3등급 이하의 학생들도 지원을 합니다. 1등급이 합격하기도 하고, 3등급 이하의 학생들이 합격하기도 합니다. 즉 내신 1등급의 학생이 떨어지기도 한다는 말입니다. 그렇다면 내신성적이 절대적 평가 기준이 아니라는 사실을 알 수 있습니다.

2019 학종 합격자 내신성적 분포 - 경희대 학종 안내 책자

모집단위	합격자 평균 등급	지원자 학생부 교과등급 분포						
		1등급	2등급	3등급	4등급	5등급	6등급	7등급
국어국문학과	2.7							
사학과	2.1							
철학과	3.1							
영어영문학과	3.3							
응용영어통번역학과	3.5							

이 자료에도 불구하고 내신을 강조하고 싶다면, 다음 자료도 살펴보겠습니다.

2019 학종 총합격자 평균 내신성적

대학	평균	상위 70%	대학	평균	상위 70%
경영대학	2.63	3.10	생명과학대학	2.33	2.38 2.65
문과대학	3.15	3.26 4.36	이과대학	2.34	2.33 2.62
정경대학	2.74	2.93 3.48	공과대학	2.42	2.41 3.01
국제학부	3.29	3.55	정보대학	2.15	2.49

합격자들의 내신 평균 성적을 보고, 이 대학이 어느 대학인지 맞춰 보세요. 여러 가지 생각이 들 것입니다. 상위 70%의 내신성적이 아주 높지는 않습니다. 어디일까요? 바로, 고려대학교입니다. 놀라셨다고요? 우리 생각보다 학종에서 내신의 무게가 낮음을 알 수 있는 대목입니다.

이제, 지방거점국립대의 학종 이야기를 해보겠습니다. 2022학년도 지거국 학종 전형에서는 학교별로 다소 차이가 있지만, 대체로 수능최저학력기준이 폐지되었고, 자소서 제출도 일찍 폐지되었습니다. 그리고 합격생의 내신 범위가 매우 넓게 형성되고 있습니다. 개별 학과를 위해 준비한 학생들이 지속적으로 증가하고 있기 때문입니다.

2022 지방거점국립대 학생부 종합 전형 선발인원 및 비율

대학	학종	
	인원(명)	비율(%)
강원대	758	23
경북대	1,350	26
경상대	1,189	36
부산대	1,058	23
전남대	940	20
전북대	845	20
제주대	610	25
충남대	790	21
충북대	862	27
계	8,402	24

지거국의 학종 전형에서는 '학인전발'이라는 학종의 평가요소가 특정 비율을 보이기도 합니다. 개별 학교의 평가요소는 각 대학의 홈페이지 요강을 통해 확인할 수 있으니 지속적으로 검색해야 합니다. 지거국의 학종은 지거국의 학생부 교과와도 어느 정도 밀접한 관련을 가집니다. 대체로 합격생의 교과 내신 평균이 학생부 교과 성적보다 높은 경향을 보이기도 합니다.

2020학년도 지거국 학종 경쟁률과 합격자 내신 평균

대학	학과	경쟁률(%)	교과 평균
강원대	수학과	5.3	3.7
경북대	영어교육	13.2	2.48

경상대	심리학과	7.1	3.11
부산대	고분자공학	10.17	3.05
전남대	신문방송	14.3	2.76
제주대	생명공학부	5.7	4.1
충남대	사회복지	18.25	2.95
충북대	정보통계	8.6	3.0

다시 한 번 강조하지만, 학종에서 합격자의 내신 평균은 큰 의미가 있다고 생각할 필요가 없습니다. 학종에서 대학이 보고자 하는 것은 '학생의 역량'입니다.

그러니 역량을 보여주는 방식이 아주 중요합니다.

2장

2015 개정 교육과정에서의 선택 과목과 학종 전략

선택 과목 선택의 비결

2015 개정 교육과정에서 가장 중요한 포인트는 '선택 과목'입니다. 학생은 자신의 선호와 학습 성향 등에 따라 원하는 과목을 선택할 수 있습니다. 당연히 선택에 대한 책임은 학생이 져야 하죠. 그러니 학생과 학부모는 유리한 과목의 선택을 두고 고민이 깊어질 수밖에 없죠.

2015 개정 교육과정에 따른 선택 과목은 크게 일반선택 과목과 진로선택 과목으로 구분할 수 있습니다.

일반선택 과목은 대체로 수능 과목에 해당하므로 각자 수능을 치를 과목을 중심으로 선택하면 됩니다. 여기까지는 큰 차이점이 없죠. 문제는 '진로선택 과목'과 '전문교과 I'에 있습니다.

먼저 진로선택 과목은 교과 융합학습, 진로 안내학습, 교과별 심화학습, 실생활 체험학습으로 구분할 수 있습니다. 교과목의 난이도

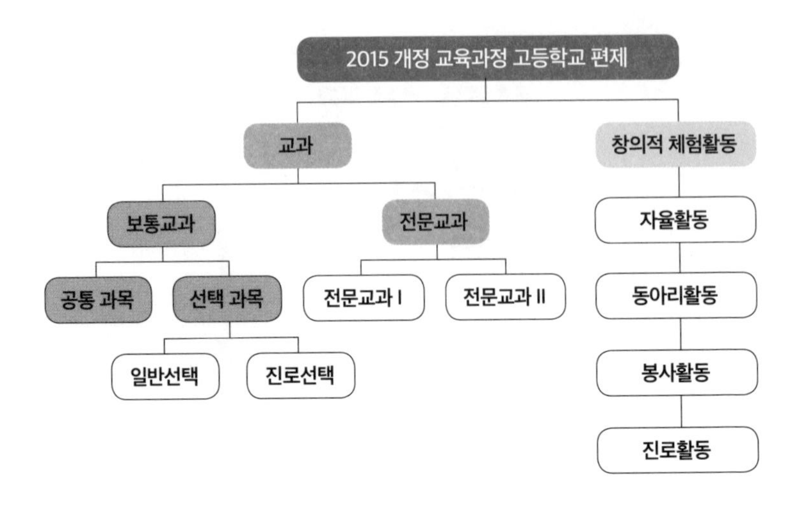

를 고려할 때, 교과별 심화학습과 교과 융합학습은 난이도가 높고, 진로 안내학습과 실생활 체험학습은 대체로 난이도가 낮다고 볼 수 있습니다. 국어와 영어를 제외하고 살펴보면 다음 표와 같은 구분이 가능합니다. 학종을 준비하고, 개별 성장을 원하는 학생이라면 자연스럽게 난이도가 높은 과목(초록색)을 선택한다는 것이 대학의 입장이죠. 여러분이 진로과목을 선택할 때 가장 염두에 두어야 할 부분입니다.

	일반선택	진로선택
수학	수학1, 수학2, 미적분, 확률과 통계	실용 수학, 기하, 경제 수학, 수학과제 탐구
과학	물1, 화1, 생1, 지1	물2, 화2, 생2, 지2, 과학사, 생활과 과학, 융합과학
사회	한지, 세지, 세, 동아, 경제, 정법, 사문, 생윤, 윤사	여행지리, 고전과 윤리 사회문제탐구

그럼에도 불구하고 특정 과목 선택이 불리하지 않을까 혹은 특정 과목 선택이 더 유리하지 않을까를 계속 고민하고 또 다른 선택들을 고민할 수밖에 없죠. 하지만 앞서 언급한 것처럼 대학의 가장 기본적인 목적은 우수 학생 선발입니다. 즉 대학이 선택 과목을 입시에 반영하겠다는 의미는 개별 학생이 우수해지기 위해 해온 노력을 확인하겠다는 것입니다. 그러니 일반적으로 어떤 과목이 유리하다고 말하기가 어렵습니다. 다만 일반적인 원칙은 있습니다.

쉬운 과목보다 어려운 과목이 '성장'을 설명하는 좋은 방향이 될 수 있습니다.

쉬운 과목을 선택해서 좋은 내신을 받기보다 어려운 과목을 선택해서 성장하기 위해 노력한 모습에 좋은 평가를 줄 수 있다는 뜻입니다.

다음으로 문제가 되는 것은 전문교과 I의 선택입니다(참고로 전문교과 II는 특성화고교의 선택 과목군입니다). 전문교과 I은 2009 개정 교육과정에서 특목고를 중심으로 개설되던 과목들을 2015 개정 교육과정에서 일반계 고교에서 개설할 수 있도록 한 것입니다. 즉 난이도가 제법 높은 과목들이 주로 다뤄진다는 점이 특징입니다. 전문교과 I은 개별 고교에서 개설하기가 쉽지 않다는 문제점이 있습니다. 수능에 출제되는 과목이 아니고, 새로운 심화 과목의 성격이 있어 개별 학교에서 개설하기가 쉽지 않습니다. 결국 학생의 입장에서는 선택이 쉽지 않은 과목군입니다. 이를 해결하기 위해 공동 교육과정을 운영하기도 하고, 온라인 교육과정을 운영하기도 하지만, 현실적인 부담감이 존재하는 것이 사실입니다.

전문교과 I은 과학계열, 체육계열, 예술 계열, 외국어계열, 국제계열로 구분합니다. 그중에서 과학계열과 국제계열의 과목들만 정리해 봤습니다.

	전문교과 1
과학계열	심화수학1, 심화수학2, 고급수학1, 고급수학2, 고급물리, 고급화학, 고급생명과학, 고급지구과학, 생명과학 실험, 정보과학, 융합과학 탐구, 과학과제 연구, 생태와 환경
국제계열	국제 정치, 국제 경제, 국제법, 지역이해, 한국 사회의 이해, 비교문화, 세계문제와 미래사회, 국제 관계와 국제기구, 사회탐구 방법, 사회과제 연구, 현대 세계의 변화

여러 조건들이 있기는 하지만, 학생의 입장에서 생각해보면 자신만의 전공 계열을 뚜렷하게 보여줄 수 있다는 큰 장점이 있고, 특정 과목을 통해 한 분야를 보다 깊이 알 수 있다는 장점이 있습니다.

난이도 있는 과목에 대한 요구를 지속적으로 하는 이유는 서울대가 제시한 교과이수 가산점을 보면 충분히 공감할 수 있습니다. 서울대는 2022학년도 입시에서 교과이수 유형을 두 가지로 제시하고, 해당 유형을 충족하면 정시에서 가산점을 부여하기로 했습니다. 정시 가산점이 최대 2점이니 사실상 모든 고교가 일단 이 교과이수 유형을 충족하는 상태를 만들어야 합니다.

서울대가 제시한 유형은 다음과 같습니다.

	유형 1	유형 2
수학	일반 4 또는 일반 3 + 진로 1	일반 4 또는 일반 3 + 진로 1
과학	일반 2 + 진로 2	일반 3 + 진로 2 또는 일반 2 + 진로 3
사회	일반/진로 3	일반 3 + 진로 1 또는 일반 2 + 진로 2

일단 유형 1을 두 개 충족하면 가산점 1점인데, 가산점 2점이 있으니 가산점 1점을 선택할 이유는 없겠죠? 결국 대부분의 고교는 유형 2를 2개 충족시키는 교육과정을 편성하고 있습니다.

유형 2의 수학을 보면 서울대가(거의 모든 상위권 대학이) 원하는 바가 선명하게 드러나 있죠. 일반선택 과목 중 4개 과목을 선택하는 것이 첫 번째인데, 앞서 살핀 바와 같이 일반선택 과목 중 4개는 수 I, 수 II, 미적분, 확률과 통계입니다. 즉 미적분을 반드시 하라는 의미죠. 두 번째는 일반선택 과목 중 3개와 진로선택 과목 중 1과목을 선택하는 것입니다. 일반선택에서 난이도 높은 과목인 미적분을 제외하고, 진로선택에서 선택하려면 기하, 경제수학, 수학과제탐구 중에서 선택해야 합니다.

실용 수학을 배제한 이유는 앞서 언급한 이유와 같습니다. 난이도가 낮은 과목은 학종에서 좋은 평가를 받기가 어렵습니다. 즉 서울대가 제시한 유형 2를 분석하면 결론은 간단합니다. 미적분을 하거나 기하를 선택하라는 의미로 볼 수 있죠. 이것은 당연히 이공계열 학생에게만 해당하는 이야기입니다.

이제 과학 과목을 살펴보겠습니다. 결론은 똑같습니다. 일반선택 과목 중 3과목과 진로선택 과목 중 2과목의 조합은 결국 최소한 II과목을 2과목 이상 이수하라는 의미라고 할 수 있습니다.

여기서 서울대가 제시한 예시를 살펴보겠습니다.

수학	수학1, 수학2, 확통 + 기하	유형 [1] 2개 충족 **1점 가산**
사회	경제, 윤사, 여행지리	
수학	수학1, 수학2, 미적분, 확통	유형 [2] 2개 충족 **2점 가산**
과학	물1, 화1, 생1 + 물2, 화2	
수학	생윤, 한지, 동아 + 여지	유형 [2] 2개 충족 **2점 가산**
과학	화1, 생1, 지과1 + 생2, 지2	

결론만 놓고 보자면, 거의 '답정너'(답은 정해져 있고, 너는 대답만 해)라고 할 수 있죠. 전체 유형을 분석해도 인문계열 학생에게는 특별한 제재가 없는 셈입니다. 하지만 자연계열을 생각하는 학생들에게는 확실한 신호를 보내고 있습니다.

"쉬운 과목은 생각도 하지 마!"

서울대만 이렇지 않습니다. 서울 주요 대학들은 서울대와는 다른 방식이지만 거의 같은 방식을 취하고 있습니다. 대부분 과목을 '지정' 하고 있죠. 결국 2015 개정 교육과정에서 정부가 강조한 '문·이과 구분 폐지'에 대해 대학들이 일제히 반대하는 선택을 했다고 볼 수 있습니다. 서울 주요 대학들은 자연계열에 대해 과목 지정을 하거나 가산점을 부여하는 방식으로 학생들의 선택을 유도하고 있습니다. 결국 명시적으로는 '문·이과 구분 폐지'이지만, 실질적으로 여전히 문·이과 구분이 선택 과목으로 유지되는 셈입니다. 이 과정에서 상대적으로 인문계열 학생들이 공통 과목으로 인해 막대한 피해를 입는 것도 사실입니다.

학과별 선택 과목 예시

'이런 조건들이 있어도, 계열 혹은 학과를 선택하는 데 유리한 과목들이 존재하지 않을까?' 하는 의구심이 여전히 들 것입니다. 물론 나름의 과목 선택 추천은 어느 정도 존재하죠. 하지만 그 추천이 현실적으로 개별 학교에서 가능할 것이냐의 문제는 여전히 남습니다. 결국 선택 과목의 핵심은 '내가 어떤 습관을 가지고 공부하느냐'에 있는 셈이죠. 자신만의 선택 과목 커리큘럼을 만들고, 자신의 진로로 설득력을 갖추는 것이 가장 이상적입니다.

그래도 기본적인 추천 커리큘럼을 제시하고자 합니다. 이는 단순한 추천이라는 점을 강조하고 싶습니다.

'공학계열'을 생각하는 학생이라면 다음과 같은 선택 과목이 가능합니다. 주요 과목들만 나열했고, 전문교과 I을 적당히 고려한 것입니다.

교과군		일반선택	진로선택
기초 탐구	국어	문학, 독서, 화법과 작문	
	수학	수학 I, 수학 II, 미적분	기하, 심화수학 I
	영어	영어 I, 영어독해와 작문	영미문학읽기
	사회		고전과 윤리
	과학	물리학 I, 화학 I, 생명과학 I	물리학 II, 화학 II, 고급물리학, 융합과학탐구

'경상계열'을 생각하는 학생이라면 아래와 같은 선택을 고려할 필요가 있습니다.

교과군		일반선택	진로선택
기초 탐구	국어	문학, 독서, 언어와 매체	고전 읽기
	수학	수학 I, 수학 II, 확률과 통계	경제 수학
	영어	영어 I, 영어 II	영미 문학 읽기
	사회	세계지리, 세계사, 경제, 사회·문화, 정치와 법	사회문제 탐구, 국제경제, 국제 관계와 국제기구
	과학	물리 I	과학사

이런 식의 추천이 가능하지만, 현실에서는 불가능한 조합일 수 있습니다. 2022학년도에는 선택 과목의 조합이 무려 816가지나 됩니다. 그중 얼마나 일반 고교에서 조합이 가능한지는 아무도 예측할 수 없습니다. 이 점을 꼭 기억하기를 바랍니다.

선택 과목과 학종 전략

앞서 난이도 높은 과목, 어려운 과목의 중요성에 대해 말했습니다. 하지만 대학이 단순히 난이도 높은 과목을 선택했다고 좋은 평가를 하지는 않습니다. 과목 이수 자체에 대한 평가가 아니라, 개별 학생이 어떤 호기심과 관심을 가지고 있는지를 평가한다는 뜻입니다.

대학 입장에서 최고의 학생은 난이도 높은 과목을 선택하고 성적도 우수하고, 그에 맞는 활동과 교과세특(세부능력과 특기사항)도 우수한 학생이라고 볼 수 있습니다. 반대로 최악의 학생은 당연히 난이도 낮은 과목을 선택하고 성적도 저조하고, 교과세특도 부실한 경우일 것입니다. 결국 선택 과목에서 가장 중요한 기준은 '학생의 학업역량 수준'일 수밖에 없죠.

진로과목(전문교과 I)은 내신 등급이 제공되지 않습니다. 이른바 성취도를 A, B, C로만 표기하고 원점수와 평균, 수강자 수만 제공합니다. 내신 등급이 제공되지 않으면 수업에 대한 학생의 부담이 줄겠지만, 학종의 관점에서 보면 반드시 자신의 역량을 증명해야 합니다. 고교에서 성취도 평가 기준은 워낙 다양합니다. 대학은 복잡한 대학만의 수식을 활용해 그 성취도가 가지는 의미를 평가하려 할 것입니다. 하지만 학종에서는 과목을 선택한 이유가 학생부와 연계해 나타나야 하죠. 즉 과목을 선택한 명확한 이유를 학생 스스로 증명해야 합니다.

학생의 선택 과목은 대학이 학생부 종합 전형에서 여러 형태로 평가합니다. 예를 들어 가장 대표적인 학종의 평가요소인 '학업역량, 인성, 전공적합성, 발전가능성'의 세부 항목들에 비추어 평가할 수 있습니다. 학업역량의 세부 평가 항목 중 하나인 '새로운 지식을 획득하기 위해 자기주도적인 태도로 노력하고 있는가'라는 문장은 학생의 선택 과목과도 관련 있다고 볼 수 있습니다. 학생이 선택한 과목의 교과세특에서 이유와 과정 그리고 성장 포인트를 밝혀준다면 학업역량을 어느 정도 증명할 수 있습니다.

단순하게 생각하면, 해당 과목을 선택한 이유가 '새로운 지식을 획득하기 위함'이라는 사실을 증명하면 되는 것입니다.

다른 면을 보자면, 2015 개정 교육과정에서는 학교별로 이른바 '소인수 과목'이 개설되기도 합니다. 소인수 과목은 학생의 의미 있는 선택이라는 점에서 매우 유용한 평가를 받을 수 있습니다. 여러 가지 형태가 있을 수 있겠지만, 소인수 과목이 되는 첫째 이유는 역시 지나치게 어려운 과목이라는 점입니다. 가장 대표적인 소인수 과목은 자연계열에서 물리 II, 인문계열에서 경제 과목일 것입니다. 소인수 과목이 개설되었다면 대학이 묻는 것은 '과목을 선택한 동기'입니다. 이후 교과세특을 통해 학생의 탐구 과정, 학습 태도 등을 바탕으로 평가할 것입니다. 이는 대체로 학종 평가에서 '발전 가능성'에 무게를 두는 관점입니다. 그중에서도 굳이 구분하자면 '자기주도성'에 방점을 찍을 것입니다.

또 다른 이유는 관련 전공이 소수이거나, 관심 분야에 대한 호기심에 기인한 선택일 수 있습니다. 이 경우에는 '전공적합성'에 집중해 평가가 이루어질 것입니다. 전공 관련 과목을 선택한 이유는 당연하고, 그 과정에서 학생의 교과활동이 주요 평가 포인트가 됩니다.

또 다른 케이스라면 심화 과목이나 수준 높은 전문교과인 경우에 소인수 과목이 개설될 수 있습니다. 대체로 전문교과 I의 과학계열에 해당되는 과목일 것입니다. 대체로 학종 평가에서 '학업역량'과 관련해 평가를 받습니다. 심화 과목을 이수한 과정, 그리고 해당 과목을 이수하기 위한 선행과목들에서의 교과세특, 교사의 평가가 핵심 평가 내용이 됩니다.

주요 대학들은 학생의 과목 선택을 반드시 평가에 반영하겠다고 공언하고 있습니다.

그런 면에서 본다면 2015 개정 교육과정에서의 학생부 종합 전형은 이전과 평가 내용에서 조금 달라졌다고 볼 수 있습니다.

학생부 종합 전형	교과성적	교과활동	비교과활동		

2015 개정 교육과정의 학생부 종합 전형	교과성적	교과활동	비교과활동	+	학생 교과 선택

2015 개정 교육과정에서는 다양한 교과 선택으로 인해 교과 성적의 중요성이 줄어들 수밖에 없는 상황입니다. 이전처럼 특정 과목을 많은 학생이 수강하는 체제가 아니므로 학생의 선택에 따라 등급이 세부적으로 나뉠 것이고, 결과적으로 교과등급의 영향력이 약해질 수 있습니다. 반면에 교과세특의 중요성은 더욱 커집니다. 학생이 직접 선택한 과목과 그 안에서의 활동은 교과세특에 고스란히 기록되어야 하며, 이를 평가하는 대학 입장에서는 매우 의미 있는 변화가 될 것입니다.

전체적으로 그런 흐름이 나타나기는 했지만, 코로나19로 인해 비교과활동의 중요성이 조금 더 줄 것으로 예상할 수 있습니다. 반면에 학생의 교과 선택 중요성이 더 강해질 수밖에 없는 구조인 셈입니다. 이 새로운 형태의 학종에서 학생이 원하는 것을 얻기 위해서는 선택과목이라는 첫 단추를 잘 꿰는 것이 매우 중요합니다.

선택 과목을 선택하는 나의 선택을 통해 대학이 나를 평가합니다!

여기서부터 학종 전략이 시작됩니다!

변화하는 입시, 바로 알기

2019년 교육부는 대입제도 공정성 강화방안을 발표했습니다. 이러한 교육부 방침이나 코로나19와 같은 외부 환경으로 입시 전형은 매년 변화하고 있습니다. 교육부는 대입전형 간의 균형을 맞추기 위해 수시 학생부 종합 전형이나 논술 위주 전형이 모집 인원의 45% 이상을 차지하는 서울 소재 일부 대학에 대해 수능 위주 전형으로 40% 이상 선발을 권고했습니다.

또한 교육부는 학생부 종합 전형의 투명성을 높이기 위해 정규교육과정 외 자율활동, 동아리활동, 봉사활동, 진로활동의 이른바 '자·동·봉·진'이라 불리는 비교과활동의 반영을 2022년도와 2023학년도에 축소하고, 2024학년도에는 완전히 폐지하기로 했습니다. 이러한 발표에 일부 학생은 수시를 포기하고, 오로지 수능 100%, 정시로 대학에 진학하겠다는 생각을 갖기도 합니다. 매년 변화하는 입시 전형에

오죽하면 그럴까라는 생각이 들고 안타깝기도 합니다.

그런데 수능 100%로 대학에 진학하겠다는 학생이 늘어날수록 누구나 예상하겠지만 우리 교육은 공교육 정상화에서 더 멀어집니다.

현재 고등학생 3학년부터는 2015 개정 교육과정이 도입되었고, 학생들은 자신의 진로에 맞추어 과목을 선택해 이수하고 있습니다. 수능 성적으로만 대학에 진학한다면 이러한 교육과정이 필요 있을까요?

공교육의 정상화를 이끌고, 기존의 대입 제도의 문제점도 보완할 방법은 없을까요?

2020년 10월 서울대는 2023학년도 대학 신입생 입학전형 예고를 했습니다. 정시모집('나'군)에 지역균형 전형을 신설했고, 지역균형 전형, 일반 전형에서 교과평가를 도입했습니다.

정시모집('나'군) 지역균형 전형의 경우, 수능 60점, 교과평가 40점을 반영하고, 일반 전형에서는 우선 수능으로 2배수 선발 후, 2차 평가에서 수능 80점, 내신 20점을 반영하기로 했습니다.

정시모집 지역균형 전형

수능	교과평가
60점	40점

정시모집 일반 전형

1단계	2단계	
수능	1단계 성적	교과평가
100%	80점	20점

교과평가에서 평가자료는 학교생활기록부, 교육과정 편성표, 학교

생활기록 미보유자 대체서류(대교협 양식 등)입니다.

교과평가 항목은 학교생활기록부의 교과학습발달상황(① 교과이수 현황, ② 교과 학업성적, ③ 세부능력 및 특기사항)만 반영해 모집단위 관련 학문 분야에 필요한 교과이수 및 학업수행의 충실도를 평가합니다.

① 교과이수 현황

2015 개정 교육과정에서 선택 과목에 따른 평가가 이루어집니다. 교과(목)별 위계에 따른 선택 과목 이수 내용과 진로·적성에 따르는 선택 과목 이수 내용을 확인합니다. 지원하고자 하는 대학의 학과와 관련 과목을 이수했는지 여부가 중요합니다.

예) 공과대학 : 수학, 과학 교과이수 현황 등을 고려하여 평가
경제학부 : 수학, 사회 교과 현황 등을 고려하여 평가

② 교과 학업성적

기초 교과 영역 및 모집단위 관련 교과 성취도의 우수성을 평가합니다. 흔히 생각하는 내신성적입니다. 과목수준, 수강자 수, 원점수, 평균(표준편차), 성취도별 분포비율 등을 고려하여 평가합니다.

③ 세부능력 및 특기사항

교과(목)별 활동에서 나타난 학업 수행의 충실도를 정성적으로 평가합니다.

교과평가 점수 산출 방법은?

2명의 평가자가 독립적으로 다음의 평가기준에 맞추어 평가를 실시하고 등급을 부여합니다.

등급	기준
A	모집단위 학문 분야 관련 교과(목)을 적극적으로 선택하여 이수하고 전 교과 성취도가 우수하며 교과별 수업에서 주도적 학업태도가 나타남
B	대학 학업 수행에 필요한 일반적인 수준의 교과 성취도 및 교과이수 내용, 학업 수행 능력이 나타남
C	교과 성취도 및 교과이수 내용이 미흡하여 충실히 고교 생활을 하지 않은 것으로 판단할 만한 경우

지역균형 전형의 등급별 점수는 A등급 10점, B등급 6점, C등급 0점입니다. 2명의 평가자가 독립적으로 등급을 부여하고 아래 조합에 따라 점수를 부여합니다.

등급 조합 예시	A-A	A-B	B-B	B-C	C-C
배점	10	8	6	3	0

2명의 평가자의 등급조합 점수에 30점을 가산하여 최종 교과평가 점수를 산출합니다.

교과평가 점수 = 2인 평가 등급 조합 + 30점

일반 전형에서는 등급별 점수가 A등급 5점, B등급 3점, C등급 0점이 됩니다. 지역균형 전형과 마찬가지로 2명의 평가자가 독립적으로 등급을 부여하고 아래 조합에 따라 역시 점수를 부여합니다.

등급 조합 예시	A-A	A-B	B-B	B-C	C-C
배점	5	4	3	1.5	0

2명의 평가자의 등급조합 점수에 15점을 가산하여 최종 교과평가 점수를 산출합니다.

교과평가 점수 = 2인 평가 등급 조합 + 15점

정시에 '교과평가'가 이루어집니다.

수험생들 입장에서 보면, 내신도 정시도 모두 챙겨야 한다는 사실에 막막할 것입니다. 가장 불행한 학년이라고 생각할 수도 있죠. 그러나 여기서 정신 바짝 차리고, 입시를 준비해야 할 필요가 있습니다.

그렇다면, 서울대의 발표를 어떻게 보아야 할까요? 핵심은 무엇일까요?

'교과평가'는 앞에서도 볼 수 있듯, 단순히 내신성적 반영이 아닙니다. 2015 개정 교육과정의 취지에 부합하는 선택 과목, 즉 선택 과목의 중요성을 이야기한다고 볼 수 있습니다.

서울대는 다음의 표와 같이 2015 개정 교육과정의 교과영역에 따른 교과이수기준 I과 선택 과목 유형에 따른 교과이수기준 II를 동시에 충족할 과목을 이수할 것을 권장하고 있습니다.

교과이수기준 I

<table>
<tr><th>교과영역</th><th>모집단위</th><th>교과이수기준 I</th></tr>
<tr><td>탐구</td><td rowspan="2">전 모집단위
공통</td><td>사회(역사/도덕 포함) 교과 중 3과목 + 과학 교과 중 3과목
또는
사회(역사/도덕 포함) 교과 중 2과목 + 과학 교과 중 4과목</td></tr>
<tr><td>생활·교양</td><td>제2외국어 또는 한문 중 1과목</td></tr>
</table>

※ 진로희망에 따라 과학II 과목 이수를 권장함

교과이수기준 II

<table>
<tr><th>교과(군)</th><th colspan="2">교과이수기준 II</th></tr>
<tr><td>수학</td><td>일반선택 4과목 또는 일반선택 3과목 + 진로선택 1과목</td><td rowspan="3">2개 교과(군)
이상에서
충족</td></tr>
<tr><td>과학</td><td>일반선택 3과목 + 진로선택 2과목 또는
일반선택 2과목 + 진로선택 3과목</td></tr>
<tr><td>사회*</td><td>일반선택 3과목 + 진로선택 1과목 또는
일반선택 2과목 + 진로선택 2과목</td></tr>
</table>

* 진로희망에 따라 과학II 과목 이수를 권장함

이것은 무엇을 의미할까요?

과학에 있어서 최소한 3과목 이상은 이수해야 하고, 자연계열 진학 희망 학생은 5과목 이상, 그중 진로선택 과목, 즉 II과목 2과목 이상은 이수해야 한다고 제시하고 있습니다.

사회는 최소 2과목 이상 이수해야 하고, 인문계열 진학 희망 학생은 4과목 이상, 그중 진로선택 과목은 1과목 이상 이수해야 한다는 것입니다.

수학의 경우는 일반선택 과목 수학 I, 수학 II, 확률과 통계, 미적분 중에서 4개를 이수하거나, 이 중 3개를 선택하고 진로선택 과목인 실용수학, 기하, 경제수학, 수학과제탐구에서 1과목을 이수하는 것입니다.

평가항목을 자세히 살펴보죠. 학생들이 선택한 과목에 대해 단순히 이수 과목에서의 '등급별 점수에 따른 단순정량평가'가 이루어지는 것이 아닙니다.

학생부 종합 전형에서 평가방식을 정시에도 활용하겠다는 의도를 엿볼 수 있습니다.

이는 교과평가 기준에서 A등급 평가 사례(공과대학 지원자)로 제시한 내용을 보면 알 수 있습니다.

① 과목 이수 내용

평가 내용	교과학습발달 상황 영역
• 교과(목)별 위계에 따른 선택 과목 이수 내용 • 진로·적성에 따른 선택 과목 이수 내용 [예시] 공과대학 평가: 수학, 과학 교과이수 현황 등을 고려하여 평가 [예시] 경제학부 평가: 수학, 사회 교과이수 현황 등을 고려하여 평가	교과(목) 이수 현황

② 교과 성취도

평가 내용	교과학습발달 상황 영역
• 기초 교과 영역 및 모집단위 관련 교과 성취도의 우수성을 평가함 • 과목 수준, 수강자 수, 원점수, 평균(표준편차), 성취도별 분포비율 등을 고려함	교과(목) 학업성적

③ 교과 학업 수행 내용

평가 내용	교과학습발달 상황 영역
• 교과(목)별 수업 활동에서 나타난 학업 수행의 충실도를 평가함	세부능력 및 특기사항

A등급 평가 사례(공과대학 지원자)

- 모집단위 관련 진로선택 과목 2과목 이상 선택하여 이수(물리학 II, 화학 II, 기하 등)하면서
- 기초 교과 영역(국어, 수학, 영어 등) 및 모집단위 관련 교과목 성적이 1-2등급, 성취도 A 수준이고
- 이수한 각 교과 수업에 충실히 참여한 내용이 나타난 경우

교과이수 내용과 교과 성취도, 과목별 세부능력 및 특기사항을 통해 교과 학업 수행 내용을 확인하고 있습니다.

정시모집의 지역균형 전형과 일반 전형에서의 교과평가 40점, 20점이 합격을 결정하는 데 얼마만큼의 영향력을 미칠지는 모르겠지만, 이번 발표를 통해 교과평가가 단순한 내신성적 반영만이 아닌 것이 확실해졌습니다.

더 이상 정시는 수능 점수에 맞추어 지원하는 것이 아닙니다.

이전까지 수시는 자신의 교과와 비교과활동을 바탕으로 희망하는 진로와 연관된 학과를 지원한 반면, 정시는 자신의 진로보다는 수능 점수에 맞추어 지원하는 경향이 있었습니다.

하지만 정시에 교과평가를 도입한다는 서울대의 발표를 통해, 앞으로 정시에서 수능 점수만 믿고 학과를 지원하기는 어려워질 것 같습니다. 정시에서도 학생이 이수한 과목에서 교과이수 충실도와 교과성취도의 우수성을 평가하기 때문입니다. 정시에서도 자신이 선택한 과목에 따라 학과를 지원하게 될 것입니다.

예를 들어 기계공학부에서는 물리Ⅱ 과목에 대한 이수와 그에 따른 교과 성취도, 학업 수행내용 등을 평가합니다. 물리Ⅱ 과목을 이수하지 않은 학생이 전에는 수능 점수로 기계공학부에 지원할 수 있었지만, 앞으로는 수능 점수가 높더라고 교과 미이수로 지원을 망설일 수 있습니다.

종합하면 과목에 대한 내신성적도 중요하지만 자신의 진로와 연계한 과목 선택 역시 중요합니다.

이 모든 것을 감안한 우리만의 학종 전략을 지금부터 제시해보겠습니다.

3장

학종으로 대학 가기 Ⅰ, 남다른 학생부 비법

체계적 질문이 남다름의 시작

학종에 대한 기본적인 틀은 이제 이해했으리라 생각합니다. 이제 본격적인 나만의 전략을 만들기 위한 고민을 시작해보겠습니다. 일단, 앞으로 학생부에 입력될 영역 중 가장 영향력이 큰 부분은 당연히 교과세특(교과학습발달상황 및 세부특기사항)입니다. 그러니 '완벽한 교과세특' 만들기에 초점을 맞춰야 합니다.

사실 이 부분의 핵심은 앞서 언급한 것처럼 '나의 질문'을 유지하는 것에 있습니다. '이거 엄청 궁금하지만 귀찮으니 그냥 넘어갈래?'라고 생각하는 학생은 '비학종형 학생'입니다.

고등학교 2학년 때 배우는 교과들을 중심으로 생각해보면 좋겠습니다. 요즘 언론에서 엄청 시끄러운 이슈들이 많이 있습니다. 그 뉴스들에서 가장 관심이 가는 주제를 선택해보죠. 여기서는 선생님의 주요 관심사인 '아동 학대'를 주제로 삼아 이야기를 이어가보도록 하겠습니다.

관심사가 '아동 학대'라면 관련해 찾기 시작하면 되겠죠. 어렵게 생각할 필요가 없답니다. 어떻게? 당연히 교과서에서 출발하는 것이죠. 평소 잘 보던 교과서를 이럴 때 찾아보는 것입니다. 신선하다면 신선한 출발이죠? 지금 배우고 있는 교과의 모든 교과서를 한번 펼쳐보세요. 특히 차례를 보면 유용합니다. 차례를 보면서 '아동 학대'와 조금이라도 관련 있는 단원을 모두 체크해보세요. 시작은 이렇게 가볍습니다.

왜 교과서냐고요? 당연히 우리의 모든 활동과 궁금증은 학생부에 '기록'이 되니까요.

사실 모든 지식은 연결 고리를 가지고 있습니다. 자신만의 방식으로 연결하는 것이 바로 '지식'이죠. 우리가 수업을 듣고 강의를 들어도 그 내용이 한 번에 정리되지는 않잖아요. 왜냐하면 그 선생님이 만든 '지식'을 듣는 것이니까요. 내 머릿속에서 연결 고리가 만들어져야 이해가 되고, 나만의 지식이 되는 것이죠. 그러니까 자꾸 생각을 하고 질문하는 것이 중요합니다.

스텝 1

자, 하나씩 구체적인 이야기를 해보죠. 아동 학대에 대한 분노와 슬픔

이 일겠지만 잠시 미뤄두고 현상에 집중해 본격적으로 파헤쳐 보겠습니다. 일단 가장 쉽게 드는 의문이 있습니다. '왜 이런 일이 매번 반복될까?'

그다음으로 이런 질문이 따라옵니다. '아동 학대의 반복은 우리 사회의 법과 제도에 문제가 있기 때문이 아닐까?' 그럼 일단 지금 배우고 있는 '정치와 법'이라는 과목을 보죠. 아동 학대니까 일단 '형사법'이겠죠? 핵심 단원인 '5-1. 형법의 이해'에서 시작해보죠.

그런데 이상합니다. 그 부분을 아무리 보아도 아동 학대와 관련된 이야기가 없습니다. 포기해야 할까요? 다행히 우리를 도와줄 멋진 사람이 항상 있죠. 선생님이죠.

선생님께 이렇게 여쭤볼 수 있죠. "아동 학대와 관련해 알고 싶어 교과서에서 형사법이 있는 부분을 보았는데 특별한 내용이 없어요. 더 알고 싶으면 어떻게 해야 하죠?" 선생님은 나름대로 설명하면서 참고할 만한 책을 알려줄 가능성이 커요.

이제 해결된 것이죠. 그대로 실천만 하면 되죠.

또 한 가지 중요한 팁이 있습니다. 선생님에게 어렵게 질문했는데, 그냥 그것만으로 끝내면 너무 아쉽죠. 질문했다면 기록하고, 이를 바탕으로 알게 된 것들을 또 기록한다면 그 자체로 훌륭한 결과물이 될 것입니다.

스텝 2

공부하다 보니 더 놀라운 사실들을 알게 됩니다. 존속? 비속? 가중 처벌? 뭔가 이상합니다. 왜 부모가 자녀를 해치는 경우에는 가중처벌이 없을까요? 자녀가 부모를 해치는 경우에는 가중처벌이 존재하는데요. 뭔가 불평등해 보이기도 합니다. 왜 그럴까요? 궁금하다면 찾아봐야죠.

이렇게 찾다 보면 우리나라 형법에 대해 조금은 알게 됩니다.

'음, 존속 범죄에 대한 가중 처벌은 일본 형법에서 가져온 것이었네. 그런데 일본은 이 가중 처벌이 1995년에 폐지되었다고? 우리는 왜 계속 유지되는 거지? 혈연에 기인한 가족 제도가 더 강력해서인가? 어? 이거 어딘가에서 배운 내용인데? 아, 생활과 윤리. 다시 교과서를 볼까? 그렇지. 2-3에 있었네. 사랑과 성 윤리!'

좀 이상하긴 하죠? 가족주의가 견고한 우리나라에서 가정 폭력과 관련된 일이 이렇게 많이 그리고 지속적으로 발생한다니! 이 또한 궁금해집니다. 생각을 하다 보니 고1 때 배웠던 '통합 사회'의 내용이 떠오릅니다. 사회 선생님이 그렇게 강조하셨던 '인권'까지 생각이 미칩니다.

이제 사회 선생님을 만나봅니다. 그리고 궁금한 점들을 물어보죠.

"선생님, 가족을 중시하는 우리 사회에서 왜 가족과 관련된 심각한 문제들이 계속 발생하는 거죠?"

선생님과의 멋진 토론이 시작된 것입니다. 알고 있는 그리고 지금까지 공부한 지식을 총동원할 기회입니다. 사실 아동을 하나의 인격체로 생각하지 않기 때문에 아동 학대가 발생한다는 사실을 안다면 더 멋진 결론이 나올 것입니다. 관련된 내용을 다시 찾아보는 과정에서 시야를 넓혀 외국의 사례도 확인해볼 수 있습니다. 관련된 문건들을 찾다 보면, 1989년에 유엔 총회에서 아동의 인권을 선언한 유엔아동권리협약을 찾을 수도 있습니다. 놀랍게도 우리나라는 1991년에 이 협약에 가입했다는 것도 알 수 있죠.

스텝 3

여기까지 왔다면 이제 철학 선생님과도 나눌 이야기가 생깁니다. 이런 질문이 가능합니다.

"선생님, 아동 학대는 결국 아동의 인권을 제대로 인정하지 않기 때문에 발생하잖아요? 그런데 아동 인권은 왜 제대로 인정을 못 받는 거죠?"

아동 인권에 대해 선생님과 열심히 토론하다 보면, 아동을 혹은 학생을 '미성숙한 존재'로 인지하는 선생님의 모습을 볼지도 모르죠. 그렇다면 거침없이 질문해보죠.

"선생님, 교육과 훈육의 차이가 뭐죠? 왜 우리는 훈육을 받아야 하죠?"

더 고민을 한 친구라면 이런 질문도 가능하겠죠?

"선생님, 훈육도 결국 폭력이 아닌가요?"

자, 이제 우리가 공부할 핵심이 나왔습니다.

'훈육과 학대의 차이는 무엇인가?'

이제 할 일이 더 생겼습니다. 우리나라의 아동 학대 관련 데이터를 확인해야겠죠? 자료에 대한 관심을 가지는 순간, 해야 할 공부가 갑자기 늘어납니다. '확률과 통계'도 필요하고, 대학에서 배울 '사회조사 방법론'에 대한 공부도 해야 하고, 평소에 궁금했지만 절대 관심을 가지지 않았던 설문조사의 구성 원리와 숫자들을 지겹도록 나열하던 것들에 대해서도 공부를 해야 하겠죠. 언론에서 설문조사할 때마다 나열하던 숫자들의 의미도 이해해야 하겠고요.

이런 과정들은 확률과 통계의 교과세특에 들어갈 수도 있고, 사회문화에 들어갈 수도 있습니다.

또 한 가지, **데이터도 중요하지만 그것을 어떻게 처리하고, 해석하는지가 더 중요하다는 사실이 이해**된다면 이미 '데이터 마이닝'이라는 단어의 의미를 깊이 이해하게 된 것입니다.

스텝 4

자, 그럼 다시 돌아와서, 배운 내용을 '교내활동'으로 만들어가는 것이 매우 중요합니다. 대학의 입장에서는 배운 것을 '실천'하는 학생으로 인식되니까요. 그러니 우리는 배운 내용을 철저히 활동으로 만들어보고, 이를 통해 **'내가 배운 만큼 세상을 바꾸기'**를 시도해보죠.

아동 학대와 관련된 법적 문제를 확인했다면, 이를 해결하기 위해 필요한 법을 고민해봐야겠죠? 그러기 위해서는 법에 대해 알 필요가 생깁니다. 다양한 자료들이 있겠지만, K-MOOC 강의들을 활용하면 도움이 될 것입니다.

이제 주제를 정하고 이 내용을 토대로 아동학대방지법 개정안을 만들어보는 겁니다. 그런데 혼자 하기는 너무 방대하죠? 이제 친구들의 도움이 필요합니다.

학급 게시판에 공고를 내보죠. 동지를 모아서 본격적으로 시작해보는 겁니다. 그렇게 개정안을 만들기 시작하면 아주 재미있을 겁니다. 이제 결과물을 자랑하고 싶기도 할 텐데, 그렇다면 수업 시간에 발표도 해보죠.

발표에 만족하고 칭찬도 받았다면 내친김에 교내 대회도 나가보죠. 없다고요? 여기서 멈추면 '학종형 인간' 아니죠. 건의를 해서 교내 대회를 만들어보고, 그래도 안 되면 교외 대회에 도전하는 겁니다.

교외 대회는 기록이 안 되니까 참여하지 않는다는 학생들이 많습니다. 그런데 무슨 상관일까요. 내가 열심히 노력해서 만들었는데, 학생부에 기록할 수 없어도 그 과정에서 내가 성장한 '성장치'가 남습니다. 도전이 성정을 극대화시킵니다. 그런 경험을 통해 교과와 비교과

활동에 적용하면 또다시 성장하게 되죠.

이제 한 단계 더 나아가 아동 학대와 관련된 캠페인을 추진해보면 어떨까요? 그동안 공부한 내용을 바탕으로 아동 학대 관련 법 개정을 캠페인을 통해 알려보는 겁니다. '체벌과 훈육'의 차이점을 묻는 것으로 시작할 수도 있습니다. 둘의 공통점은 폭력이라는 점이고, 차이점은 없습니다. 훈육은 언제든 아동 학대로 변할 수 있으니까요. 이제 캠페인의 포인트는 '훈육은 폭력'이라는 사실을 어른들과 사회에 널리 알리는 과정이 될 것입니다.

한 가지 주제를 두고 공부하다 보면 아주 재미있습니다. 지식이 생기면 '사회 시스템에 대한 분노'가 생깁니다. 그런데 막연히 욕하기보다 훨씬 수준 높은 이야기를 할 수 있게 됩니다. 왜 그럴까요?

이제는 알기 때문입니다.

스텝 5

자, 그럼 배운 내용을 확장시키기 위해 선택 과목을 고민해야겠죠. 어떤 고민을 하고 있든, 그 고민을 해결해줄 것 같은 과목을 선택하면 사실 제일 좋습니다. 학교의 시스템이 허락하는 상황이라면, 전문교과에 도전하는 것도 좋습니다. 2015 개정 교육과정에서 선택 가능한 '전문교과' 중 '국제 계열'에 우리가 고민하는 내용과 유사한 과목들이 있습니다.

예를 들어 '국제법' 과목을 선택한다면, 아동 학대와 관련된 국제적 법을 보다 깊이 공부할 수 있죠. 그 과정을 통해 세계를 무대로 활동하는 공무원의 길을 선택할 수도 있죠. 혹은 '한국 사회의 이해'라는 과목을 통해 우리 사회에 대한 깊은 이해를 바탕으로 아동 학대 문제를 전문적으로 해결하는 길을 선택할 수도 있습니다. 혹은 '국제 관계와 국제기구' 같은 과목을 선택할 수도 있죠. 이 분야에 본격적으로 뛰어들어 자신만의 비전을 만들기 위해 국제기구에 대한 이해를 넓힐 수 있습니다. 장 지글러 교수의 『유엔을 말하다』와 유엔의 『유엔 공식 가이드 북』 같은 책들이 그 길을 선명하게 보여줄 것입니다.

현실적으로 전문교과의 개설이 어려운 학교라면, 진로선택 과목의 '사회문제탐구' 같은 과목을 선택하고 이 분야에 대한 문제의식을 하나의 보고서로 작성해 우수함을 증명할 수도 있습니다.

학교가 무언가를 안 해준다고 원망하지 말고, 지금의 환경에서 방법을 찾으면 됩니다.

이렇게 정리된 학생부를 보면 누구나 이런 생각을 하겠죠.

'이 학생은 아동 학대에 대해 깊이 고민했네. 이야기의 수준이 점점 높아지고 있어. 이 정도의 이야기를 할 수 있다니, 대박인걸!'

당연히 입학사정관도 대학교수도 이런 평가를 내릴 것입니다. 면접에서 당당히 자신이 하고픈 일들을, 그동안 노력한 과거의 시간들을 통해 증명하면 됩니다.

자, 이렇게 해서 우리는 **배우고 알게 된 만큼 세상을 바꾸기 위해**

노력하는 '멋진' 존재가 되어갑니다. 학생부에 남은 멋진 기록은 부수적인 것일 뿐입니다. 좋은 대학은 멋진 존재가 된 나에게 사회가 주는 선물이겠죠.

자신의 관심사가 세특의 시작

선생님이 매년 학생들을 지도할 때마다 학생들이 진로활동 주제로 꼽는 것이 있습니다.

'지구온난화, 미세먼지, 북태평양 쓰레기섬. 코에 빨대가 박혀 있는 거북이.' 무엇인지 알겠죠? 맞아요. '환경'입니다.

매년 학생들이 환경을 주제로 활동을 기획하는 경우가 많습니다. 대부분의 교과에서 환경을 다루기 때문이죠.

통합사회, 통합과학, 화학, 미술 교과 등의 단원을 살펴보면 알 수 있습니다. 학생들이 교과 연계로 기획할 수 있는 최고의 아이템이죠. 그런데 어떤 학생들은 이렇게 생각하더라고요.

'나도 처음에는 환경을 생각해봤는데, 다른 친구들도 환경을 주제로 한다니 다른 것을 생각해봐야겠어. 너무 평범하잖아?'

정말 그럴까요?

우리가 생각하는 활동의 대부분은 당연히 다른 친구들도 생각합니다. 그럴 때마다 주제를 바꾸는 게 좋을까요?

저는 주제가 같더라도 어떻게 활동 계획을 세우는지가 더 중요하다고 생각합니다.

자, 그렇다면, 환경을 주제로 한 활동에는 어떤 것들이 있을까요? 우리 주변에서 관찰한 것들이 활동 주제가 될 수 있습니다.

첫 번째로 들려주고 싶은 사례는 환경을 주제로 시작해 바이오디젤까지 제작해본 사례입니다.

보통 하천 주변은 산책로로 잘 정비되어 있고 사람들이 많이 이용하고 있습니다. 그런데 일부 구간을 보면, 쓰레기와 녹조류가 많이 보여 얼굴을 찌푸리게 됩니다.

'많은 사람들이 사용하는 공공의 하천! 깨끗하게 할 수 있는 방안을 없을까?' 이런 물음이 환경을 주제로 한 활동의 시작이 될 수 있죠.

'우리 지역 하천 보호 프로젝트'는 어떨까요?

학생들이 활동 주제를 정할 때 너무 어렵게 생각하는 경향이 있는데, 그럴 필요가 없습니다. 주변 가까운 곳에서 찾는 것이 가장 좋은 방법입니다.

그럼, 구체적으로 '우리 지역 하천 보호 프로젝트'를 실천할 수 있는 방안을 세워야겠죠. 여기서 중요한 것이 교과와 연계해 활동을 기획하는 것입니다. 하천의 쓰레기를 직접 줍는 활동으로 그치면 안 된다는 것입니다. 우리가 학교에서 배운 지식을 총 동원해 문제를 해결해보려는 노력이 중요합니다.

그럼, 어떻게 하면 좋을까요? 선생님은 이렇게 안내해주고 싶습니다.

1학년 통합사회 교과서를 보면 '환경 문제 해결을 위한 노력'이라는 단원이 있습니다. 학습목표를 보면 "환경 문제를 해결하고자 정부, 시민단체, 기업이 노력한 사례를 조사하고, 개인적 차원의 실천 방안을 제안할 수 있다"라고 제시되어 있습니다. 우선 환경 보호를 위한 제도와 정책에는 무엇이 있는지 조사하고 환경 보호를 위해 시민단체와 기업이 어떤 노력을 하고 있는지 살펴보면, 개인적 차원의 실천 방안에 대해 방향이 설 것입니다. 우리가 생각하는 것 이상으로 교과서는 다양한 자료를 제시하고 있죠. 환경 관련 영화 주인공 따라하기('노 임팩트 맨'으로 살아보기), 환경 캠페인, 녹색 생활 사진전 등도 있겠네요.

활동을 계획하는 데 있어, 단순히 알고 있는 사실만으로 친구들과 토의를 진행한다면 다소 위험합니다. '환경'이라는 주제에 대해 깊게 학습하고 심도 있게 생각한 후 서로의 의견을 공유하는 것이 매우 중요합니다.

또한 환경 문제는 우리나라만의 노력으로 가능하지 않죠. 전 세계가 모두 동참해야 하는 문제입니다. 통합사회교과의 문화와 다양성 단원에서는 다문화사회를 다루면서 세계시민의식에 대해 이야기하고 있습니다.

세계시민의식은 지구촌 구성원 모두를 이웃으로 생각하고, 세계 곳곳에서 발생하는 다양한 문제를 함께 해결해가야 할 공동체의 문제로 받아들이는 태도입니다. 환경에서도 세계시민의식이 중요하다고 볼 수 있죠.

세계시민을 대상으로 하는 환경활동! 이렇게 교과의 단원을 연계하고 확장해 사고할 필요가 있습니다.

그러면 환경이라는 같은 주제지만 다양하고 차별화되는 활동으로 이어질 수 있죠.

활동으로 어떻게 이어가면 좋을까요? 예를 들어보겠습니다.

우리의 시민의식 수준을 확인하고자, 먼저 설문지를 만들고, 설문 내용을 바탕으로 전시회, 캠페인활동을 기획할 수 있습니다.

하천에 버려진 쓰레기 사진을 직접 찍고, 사람들이 쉽게 볼 수 있는 곳에 전시하는 활동과 시민들이 직접 녹조류를 제거하는 활동에 참여시키기 위해 EM 흙공 던지기 활동을 할 수 있습니다.

여기서 잠깐! EM 흙공을 그냥 던지면 안 되겠죠?

맞습니다! EM 흙공에 대해 공부를 해야죠. EM 흙공이 정말 수질 오염을 개선시킬 수 있는지, 어떤 성분이 그런 역할을 하는지 등에 대해 우선 알아야겠죠. 이런 것이 자연스러운 진로활동이 될 수 있습니다.

녹조류에 대해서도 활동을 세울 수 있습니다. 대부분의 학생은 녹조류를 제거하는 방법에 대해 논의할 것입니다.

그런데 남들과 같은 활동을 할 수는 없죠. 그러기 위해서는 많은 토의가 필요합니다. 그리고 역발상이 필요합니다. 이렇게 생각해보죠.

'녹조류가 꼭 제거의 대상인가?'

이제 다양한 자료를 찾아봐야겠죠.

수질오염 주범 '녹조류'에서 바이오연료 추출

에너지연, 녹조류 바이오디젤 생산 차세대 기술 개발
콩·유채 등 '1세대 바이오연료'에 비해 생산성 우수

기사에 "수질오염 주범 '녹조류'에서 바이오연료 추출"이라는 내용이 나오네요.

'그래! 바로 이거야.'

녹조류를 이용한 바이오연료 추출 관련 선행연구를 조사할 필요가 생겼습니다.

어떤 학생들은 이렇게 묻겠죠. '우리가 어떻게 연료를 추출할 수 있나요? 전문가도 아닌데요?'

맞습니다. 우리는 전문가가 아닙니다. 하지만 이러한 궁금증을 가지고, 해결해보기 위해 노력은 할 수 있죠.

호기심을 갖고 문제를 해결하기 위해 학습하고 행동에 옮겨보는 자세가 중요합니다. 실패해도 괜찮습니다. 실패의 경험이 또 다른 도전을 하게 만듭니다. 1학년 때 실패하면, 2학년 때 보완해 도전하고, 또 실패하면 3학년 때 도전해보면 되잖아요? 용기를 내야 합니다.

제가 실제 지도한 학생들은 직접 금강에 가서 녹조류 20L를 채집해왔습니다. 선행연구들을 찾아 학습했고, 녹조류에서 지질을 추출해서 기존 연료와의 효율을 비교하는 실험을 설계했습니다. 그런데 문제가 생겼습니다. 실험 과정에서 학교에 없는 실험기기가 필요했죠. 그래서 포기했냐고요? 아니요! 다행히 학년에서 진행한 과학캠프가 국립청소년농생명센터였습니다. 센터에 문의해서 캠프기간에 실험기기를 사용할 수 있었습니다. 이런 노력을 학생이 직접 했다는 것이 중요합니다. 선생님은 이런 열정과 과정을 생활기록부에 기록합니다.

실제 녹조류 20L에서 0.7g의 기름을 얻어냈습니다. 경제성에서 효율적이지 않지만 '환경'이라는 대주제에서 활동을 시작하여 바이오디젤까지 얻는 학생들의 활동을 보면, 그 의미가 매우 크다고 생각합니다.

결론적으로 이 활동에 참여한 학생들은 학생부 종합 전형으로 지금은 에너지와 환경 관련 학과의 대학생이 되었습니다! 이 친구들의 열정과 탐구력이라면 앞으로 환경문제에 도움이 되리라 생각합니다.

위 사례처럼 다른 친구들과 주제가 같다고 망설일 필요가 없습니다! 주제는 같아도 활동의 질은 모두 다를 수 있다는 것을 명심해야 합니다!

활동 주제는 겹칠 수 있지만, 활동 내용은 다를 수 있습니다.

같은 주제, 다른 활동

두 번째로 들려주고 싶은 사례는 환경을 주제로 시작해 캠페인활동을 진행한 사례입니다.

환경을 주제로 한 캠페인활동은 너무 많아 특별하게 느껴지지 않을 수도 있습니다. 그래도 도움이 될 것입니다.

한 학생은 친구들과 '인간과 환경'이라는 주제로 봉사활동을 기획하던 중 유넵(유엔환경계획) 사이트에 들어가 국제 환경 뉴스에서 '2017년 화제가 된 환경 이야기'를 읽고, 친구들과 자료를 공유하며 토의를 진행했습니다. 급격히 증가하는 인구에 따라 세계는 더 많은 에너지와 자원을 필요로 할 것인데, 우리 학생 수준에서 할 수 있는 방안에 대해 고민을 시작했습니다.

에너지 개발도 중요하지만, 고등학생 수준에서는 어려움이 있으니, 에너지 절약에 초점을 맞추어 활동을 기획했습니다.

회의 중에 교실의 전등이 깜빡거렸는데 누군가 이렇게 말했습니다. "야, 저 전등을 좀 빼자. 눈이 아파!"

앞서도 이야기했지만 활동 주제는 우리 주변에서 찾는 것이 가장 좋은 방법이라고 했습니다!

이 학생들은 '전 세계인이 모두 전등 한 개씩을 뺀다면' 얼마나 많은 절약 효과가 있을까 하는 생각으로 일명 '한등빼기'활동을 기획했습니다.

먼저 각자의 집에서 한 달 동안 한 등을 빼고, 전과 비교해 절약된 전력량과 전기료를 계산해보기로 했습니다. 전력량과 전기료를 계산하기 위해 한국전력공사의 전기요금 계산 방법 등을 학습하고 공유했죠.

한 달 후 각자의 집에서 전월과 전년도 전기 사용량을 비교한 자료를 공유하고 분석했습니다. 기대만큼 큰 절약 효과를 보지는 못했지만, 이런 작은 실천들이 모인다면 큰 효과를 낼 수 있다는 결론을 내렸습니다. 이런 일련의 과정을 정리하여 '도봉구민 한 명이 한등빼기에 참여한다면, 얼마나 많은 나무를 심은 효과를 낼 수 있을까'라는 퀴즈 문제를 만들고, 동참을 이끄는 구호도 만들어 지하철역에 나가 캠페인 활동을 진행하였습니다.

이런 활동을 해본 친구는 잘 알 것입니다. 처음에는 자신감이 없다가 할수록 자신감이 샘솟는다는 것을.

이후 학교 복도와 화장실의 등을 한 개씩 빼고, 행정실의 협조를 구해 한 달 동안 얼마나 절약될 수 있는지 조사를 진행했습니다.

가정뿐 아니라 학교에서 진행한 한등빼기는 다른 전기기구의 사용 등으로 변수가 많지만, 그래도 이런 실천의 중요성을 알리는 활동을 진행했습니다. 이후 에너지 절약 스티커를 직접 도안하고 제작하여 학교 곳곳에 붙이는 활동도 했습니다.

그리고 전교생을 대상으로 하는 환경교육시간에 자신들이 활동한 내용을 발표하고 싶다는 의견을 내었죠. 의견에 그치지 않고, 자신들의 활동 영상을 포함한 프레젠테이션을 보여주는 등 준비를 철저히 했습니다. 선생님들도 회의를 통해 허락해주었죠. 선배, 후배, 친구가 직접 진행하는 환경교육이다 보니 학생들의 호응과 관심이 높았습니다.

이 학생들의 환경교육이 있고 학교에 작은 변화가 일어나 깜짝 놀랐습니다. 낮에 복도에 불이 켜져 있는 경우나 자신의 반이 아니어도 빈 교실에 불이 켜져 있으면 학생들이 자발적으로 불을 끄는 모습을 자주 관찰하게 되었다고 합니다.

많은 선생님들이 이런 모습을 보았고, 전교생을 대상으로 하는 교육에 있어 학생이 직접 준비하고 교사가 사전에 점검하고 피드백을 주는 식으로, 학생이 직접 진행하는 사례가 늘었습니다.

한 학생은 한등빼기활동을 진행하면서, 아파트 단지에 늘어나는 태양전지판들을 보고 '태양전지판으로 얼마만큼의 전기에너지를 만들 수 있을까?'라는 생각으로 태양전지판의 효율을 직접 계산해보았습니다. 계산 과정을 물리 선생님에게 물어 도움을 받았고, 태양전지 셀 출

력값과 단위면적당 입사되는 에너지량을 바탕으로 셀 변환 효율을 계산했죠.

제공되는 정보를 받아들이는 것보다는 직접 자신이 확인해보는 노력을 인정받았고 이 과정을 선생님이 기록해주었습니다.

지금까지 '환경'을 주제로 한 두 사례를 보여주었습니다. 어떤가요? 주제는 같아도 전혀 다른 방향의 활동으로 이어지고 있죠.

'차별화된 활동을 어떻게 할까?' 정리해보겠습니다.

먼저 우리 주변에 대한 관심과 관찰력이 중요합니다. 주변의 문제가 바로 우리의 활동 주제가 될 수 있습니다.

그리고 이를 해결해보려는 노력이 필요합니다. 여기서 단순히 알고 있는 것을 바탕으로 해결하려는 것이 아닌 주제에 대한 이해를 높이는 노력이 필요하죠. 그것이 바로 교과 학습입니다. 우리가 학습한 내용을 적용해 해결하려는 노력이 중요합니다. 학습하면서 단원 간, 교과 간의 연계 학습도 매우 중요합니다. 주변의 문제는 한 가지 지식만으로 해결될 수 없습니다. 다양한 지식이 서로 연계되어야 해결될 가능성이 커집니다.

과거의 일에서 활동 주제 찾기

혹시 계기수업이라는 말을 들어보았나요?

사전적 의미로는 '공식적인 교육과정과 상관없이 사회적 이슈나 사건을 가르치는 수업'을 뜻합니다. 지금으로 보면, 코로나 19를 주제로 한 수업을 말할 수 있습니다.

그런데 꼭 최근의 사회적 이슈나 사건만 수업 주제가 되지 않습니다. 2019년에는 100주년을 기념하는 일이 많았습니다. 대한민국임시정부수립 100주년, 3.1운동 100주년, 국제주기율표의 해 100주년.

그리고 2020년은 봉오동전투 100주년, 청산리대첩 100주년, 홍난파 가곡 봉선화 탄생 100주년입니다. 이러한 기념은 우리에게 중요한 교과 연계활동의 주제가 될 수 있습니다. 한국사, 화학, 음악 교과 등에서요.

2019년에는 우리나라의 독립과 연관된 100주년이 많아 한국사 교과에서 관련 과제를 많이 내주었을 것입니다. 선생님의 학교에서도 **'우리가 할 수 있는 애국활동은?'이라는 과제가 주어졌습니다. 이제 이 과제를 바탕으로 학생들이 어떤 활동을 했는지 소개하려고 합니다.**

윤봉길, 안창호, 김구 등 이름만 대면 우리는 대부분 어떤 인물인지 다 알죠. 그런데 지금 소개하는 사례의 학생은 우리가 잘 알지 못하는 애국자를 찾아서 그분들의 업적을 알리는 활동을 기획했습니다. 그리고 그분들의 업적을 엮어 〈잊혀진 애국 인명 사전〉을 제작했습니다. 다음의 내용들이 수록되었죠.

빼앗긴 문화재를 찾아서 – 박병선 박사

언제나 민중과 함께 – 후세 다쓰지 변호사

위기의 고려를 지태낸 명장 – 양규 장군

독립을 향한 푸른 비행 – 독립운동가 권기옥

종로에 울려 퍼진 쌍권총의 총성 - 독립운동가 김상옥

푸른 눈의 목격자 – 앨버트 테일러

위인 한 분 한 분의 업적과 그 의의를 작성하였고, 이를 책으로 엮어 학급마다 한 권씩 배부했습니다. 여기서 그치지 않고, 영상 제작을 잘하는 친구와 협력해 다큐멘터리 영상을 제작했고, 이를 한국사 시간에 발표했습니다.

각 인물에 대한 철저한 자료 조사와 영상, 스토리 구성에 한국사 선생님들도 깜짝 놀랐습니다. 선생님들은 학생의 과제가 매우 뛰어나,

학생이 소개한 인물 한 분 한 분을 매달 현수막으로 제작해 운동장에 전시까지 해주었죠.

그리고 이 친구는 더 많은 사람들에게 알리고자 다큐멘터리 영상을 UCC에 올려 더 많은 사람이 볼 수 있도록 활동을 이어나갔습니다. 학교에서 선생님이나 친구들이 이 친구를 '역사 알리미'라고 부르는 이유입니다.

그런데 재미있는 일이 벌어졌습니다. 학생의 〈잊혀진 애국 인명사전〉과 다큐멘터리를 보고, 또 다른 친구들이 〈한끼줍쇼〉라는 TV 프로그램을 패러디하여 6.10만세 운동을 알리는 영상을 제작하는 등 여러 활동들이 이어졌습니다. 이 학생의 활동이 원동력이 되어 많은 친구들이 활동을 만들어내었던 것이죠.

모방이라고 비난하는 사람도 있겠지만, 이것은 절대 모방이 아닙니다. 주제는 같아도 표현하는 방식은 모두 다르니까요.

다음으로 소개할 사례는 한국사 시간에 주어진 '우리가 할 수 있는 애국활동은?'이라는 과제에 대해 다르게 접근한 학생들의 이야기입니다.

혹시 『번안사회』라는 책을 읽어보았나요?

이 학생은 『번안사회』를 읽고, 일제가 남긴 잔재를 알리는 캠페인 활동을 기획했습니다.

'여러분은 일제의 잔재를 잘 알고 계시나요?'라는 주제로 일제강점기에 임의로 바뀐 지명을 고르는 퀴즈판을 제작해 서대문 형무소에 나가 시민들을 대상으로 활동을 진행했습니다. 의미 있게 8.15에 맞추어 진행했는데, 그날따라 비가 많이 왔어도 활동을 했습니다. 실제 많은 시민이 신촌, 일산, 낙원동, 병천, 인사동 등의 지명이 일제강점기에 임의로 바뀌었다는 걸 모르고 있음을 확인했습니다. 그래서 어떻게 바뀌게 되었는지에 대해 한 명 한 명에게 자세히 설명해주었죠.

나중에 이런 활동을 한 이유를 물어보니, 자신도 조사를 하면서 너무 많이 몰랐고, 대부분의 사람도 모를 것이라는 생각에 거리로 나가 활동했다고 하더군요.

추가적으로 더 많은 사람들에게 알리고자 '우리의 문화는 우리가 만듭니다'라는 슬로건으로 활동영상을 제작했고 '홍덕고 선해라' 채널을 만들어 운영을 시작했다고 합니다.

이런 친구들의 활동을 지켜보면 참 든든합니다.

우리 주변을 잘 살펴볼 필요가 있습니다. 관찰력이 우수한 활동 주제를 만듭니다.

일상 속 탐구 주제 잡기

혹시 등하굣길이나 길을 걷다가 길거리에서 담배를 피우는 사람, 담배꽁초를 슬쩍 길에 버리고 가는 사람, 차 밖으로 담배꽁초를 버리는 사람을 본적 있죠?

이런 모습을 보고 활동 주제를 정하면 대부분 시민의식 개선 캠페인을 떠올리는 게 보통입니다.

그런데 **이번에 소개하는 학생은 다른 시선에서 접근했습니다. '버려진 담배꽁초를 비료로 활용하면 어떨까?'** 다소 엉뚱한 의견 같죠?

인체에 유해한 담배로 식물의 비료를 만들어보겠다는 생각! 대부분의 학생들은 말도 안 된다, 시간 낭비야, 너나 해 등 이 학생의 아이디어를 무시했습니다. 그런데 이 학생은 한번 해보겠다는 생각으로 적상추를 담배꽁초가 들어 있는 토양과 담배꽁초가 들어 있지 않은 토양에 나누어 심고, 두 달간 길러보았습니다.

그런데 이게 웬일인지 담배꽁초가 들어 있는 토양의 적상추가 더 잘 자라는 것을 확인할 수 있었습니다. 이유는 잘 몰랐지만, 친구들이 이 결과에 모두 놀랐고 당사자도 놀랐습니다.

학생은 이유를 알기 위해 많은 학술자료를 찾아 읽기 시작했습니다. 그런데 잘 이해가 되지 않았다고 합니다. 그러던 중 여름방학에 서울대 생명과학캠프에 참여하게 되었는데, 거기서 마지막 날 교수님에게 자신이 한 실험에 대해 이야기했다고 합니다.

그동안 실험한 자료를 정리한 프레젠테이션 파일을 교수님에게 보여주며, 탐구 동기와 과정을 자세히 설명하고 조언을 구했습니다.

대부분의 학생이 대학 전공 캠프에서 정해진 프로그램을 경험하고 오는 것에 비해 이 학생은 다른 방식으로 프로그램에 참여한 것입니다. 앞으로 대학 전공 캠프에 참여할 기회가 있다면, 정해진 프로그램을 경험하는 것도 중요하지만, 그 분야에서 궁금했던 것을 적극적으로 질문해볼 필요가 있다고 생각합니다.

이는 캠프를 가기 전에 준비를 많이 해야 한다는 의미이기도 합니다. 고등학생이 캠프에 참가하기 전에 스스로 호기심을 가지고 이렇게 적극적으로 실험을 하고 궁금한 것을 물으니 교수님도 흐뭇했을 것입니다.

그리고 교수님이 드디어 이 친구의 고민을 해결해주었습니다.

작물에는 여름작물과 겨울작물이 있는데, 여름작물은 담배의 성분 일부를 흡수하여 생장하는 데 이용한다는 것을 알려주었죠. 그러면서 관련 논문을 추천해주었습니다.

이 학생에게 대학 전공 캠프는 매우 중요한 경험이 되었습니다. 그 후 친구들과 추가 연구를 계획해 진행했고, 담배꽁초를 수집할 수 있는 수거장치를 3D프린터를 사용해 제작했습니다.

설치 장소를 정하기 위해, 주말마다 사람들이 많이 다니는 곳으로 나가 버려지는 담배꽁초 수를 직접 세고, 지도에 표시하는 등 적극적으로 활동을 이어갔습니다.

학생은 이러한 탐구활동을 통합과학의 '생태계와 환경' 단원, 통합사회의 '자연환경과 인간', 과학탐구실험의 '생활 속의 과학 탐구' 단원의 각 교과 과제에 맞추어 발표하였고, 진로활동, 행동특성 및 종합의견에도 연계되어 작성되었습니다.

불편한 경험도 역량을 증명한다

이번에는 **충간소음 때문에 신소재 개발자를 꿈꾸는 학생을 소개하겠습니다.**

신소재와 층간소음에 무슨 연관성이 있냐고요? 저 역시 그렇게 생각했습니다. 하지만 이 학생은 평범한 우리와 다르게 생각했습니다.

혹시 그래핀을 아나요? 통합과학 교과에서 '신소재의 개발과 이용' 단원에서 소개되기도 했죠. 이 학생은 그래핀의 매력에 빠진 것 같았습니다. 그래핀의 육각고리구조가 층간소음을 줄일 수 있다는 가정으로 실험을 설계했죠.

먼저 아파트 층간에 어떤 구조가 있는지 조사했고, 직접 시멘트로 층간구조를 제작했습니다. 집에서 친구들과 시멘트에 모래와 자갈 등을 배합한 콘크리트로 층간 구조를 만들었는데, 이 과정에서도 배합비율을 조사하고 최대한 아파트 층간구조를 구현하려고 노력했습니다.

학생이 활동한 사진을 보고 웃음도 나왔지만, 노력 하나만큼은 최고라고 인정했죠.

이렇게 자신이 궁금해하는 것을 하나하나 직접 해결해보려는 노력을 학생부 종합전형에는 반영이 됩니다.

학생은 층간구조 사이에 그래핀을 넣고 위에서 추를 떨어뜨리면서 소음을 측정하는 방식으로 실험을 진행했습니다. 실험 결과는 그래핀이 층간소음을 줄이는 역할을 한다고 나왔습니다. 문제는 전반적인 실험 과정과 결론 도출 과정에서 있었을 문제를 학생이 알 수 없다는 것이었습니다. 학생은 호기심으로 시작해 자기만족으로 끝나고 싶지 않았습니다. 그래서 자신이 실험한 내용에 대해 조언을 해줄 전문가를 찾았습니다.

그래핀에 대한 학술논문을 많이 발표한 교수님들을 조사했고 대학 홈페이지에서 이메일을 찾아 교수님들께 실험 동기와 실험 과정, 실험 결과를 담은 내용의 보고서를 보냈습니다. 처음에는 답신이 없었는데, 시간이 지나고 어느 대학의 조교라는 사람이 이 학생에게 메일을 보냈습니다. 교수님이 메일을 읽어보았고, 조교를 통해 도움을 주라고 했던 것이죠. 그리고 교수님이 학생에게 직접 연락해서 시간이 되면 그 동안의 실험 내용을 대학에 와서 발표해보는 것이 어떻겠냐고 제안했습니다. 이러한 열정은 대학생도 배울 필요가 있다는 말도 했죠.

교수님의 이런 메시지에 학생은 달라졌습니다. 교수님이 있는 대학에 꼭 진학해 교수님과 함께 그래핀 신소재를 공부하겠다는 마음을 먹었습니다.

층간소음이라는 우리 주변의 문제를 자신이 관심 있어 하는 신소재 그래핀을 이용해 해결해보려 한 과정에서 교과서에서 배울 수 없는 많은 것을 배운 인상 깊은 학생이었습니다.

이러한 학생의 탐구활동은 통합과학의 '신소재의 개발과 이용' 단원, 과학탐구실험의 '생활 속의 과학 탐구' 단원과 연계되어 교과세부특기사항에 기록되었습니다. 비교과활동으로는 진로활동과 동아리활동으로 이어졌습니다. 학생의 탐구력과 추진력 등은 행동특성 및 종합의견에도 기록되었습니다.

일상의 정보 분석으로 지적 성취를 이루다

아침마다 일기예보를 보나요? 가끔 우리 지역에 비가 온다고 했는데 비가 내리지 않기도 합니다.

이번 사례는 **일기예보 문제를 해결해보고자 직접 자신의 집 앞에 날씨 알림 장치를 만든 학생의 이야기입니다.**

진로와 직업 교과 시간에 '세상에 도움'이라는 주제를 표현하는 과제에서 날씨에 민감한 사람들에게 도움을 주고자 'oh, my weather'를 제작한 사례입니다. 기상청을 통한 지역의 날씨 정보와 자신의 집에서 체감하는 날씨에 차이가 있다는 점을 알고 해결해보고자 활동을 기획했다고 합니다.

이 학생 역시 활동 주제를 우리 주변에서 찾았습니다. 그만큼 관찰과 관심이 중요하죠.

세부 지역별 기후, 강수량 등을 실시간으로 측정해 사용자에게 출

력장치(LCD)로 알려주고, 배터리나 기타 외부 전력의 도움 없이 태양광을 통해 에너지를 보급 받을 수 있는 시스템을 설계했습니다.

그리고 아두이노에 5개의 센서(온습도계, 기압계, 강수량계, 풍속계, 풍향계)를 장착하고, 설치 장소 주변의 기상정보를 수집할 수 있도록 했습니다. 수집된 정보는 와이파이를 통해 연결했고 블루투스 같은 통신모듈 없이도 원격제어가 가능하도록 공개 소프트웨어를 활용했습니다. 건물 내부에 설치된 LCD 화면에 현재 날씨 정보가 표시되도록 구현해 내었죠.

그런데 이런 장치를 이 학생만 생각했을까요? 이미 이런 장치는 시중에 있습니다.

이 학생의 활동을 높이 평가하는 이유는 기존의 것과 차별화를 이루고자 노력했던 점입니다. 기존 것은 강수량이 강수계의 클릭 수로 측정하는 방법인 반면, 학생은 강수량을 mm 단위로 측정할 수 있도록 수학 계산식을 만들어 적용했습니다. 그래서 일일 강수량과 시간당 강수량을 계산할 수 있었습니다.

이 학생은 주변에 대한 관찰력이 뛰어났습니다. 또한 기존 시스템이 고가이기에 연구를 보완해 저가에 시스템이 제공될 수 있도록 연구를 확장하겠다고 말했습니다. 이 분야에 대한 관심이 그만큼 높은 학생입니다

일반계 고등학교에서 이런 프로그래밍을 교과 시간에 학습하기는 어렵습니다. 그렇다고 포기해야 할까요? 학종을 준비하는 학생은 그렇지 않습니다. 스스로 학습하면 됩니다!

이 학생도 다음의 책을 읽으며 개인적으로 학습했습니다.

『아두이노 쿡북』(마이클 마골리스)

『Do it! - C언어 입문』(김성엽)

『모두의 아두이노』(다카모토 다카요리)

『사물인터넷을 이용한 어항관리시스템 개발』(홍정수 외 5인)

『통계적 보간법을 이용한 일별 상세 기온추정』(윤상후 외 3인)

『근전도 센서와 가속도 센서를 이용한 로봇 이동 제어』(이기원 외 3인)

진정한 진로활동이라고 할 수 있습니다.

4장

학종으로 대학 가기 II,
합격을 위한 독서 전략

독서로 대학 가기, 가능할까?

독서로 대학 가기! 가능할까요? 저는 가능하다고 생각하고, 학생들을 준비시키는 편입니다. 제대로 된 독서 전략은 학생의 역량을 강화하는 데 엄청난 도움이 됩니다. 사실 독서에 대해서는 엄청 많은 오해들이 있습니다. 하지만 꼭 기억할 점이 있습니다. 독서는 학종 전형을 위한 정말 완벽한 대비책이라는 점. 그동안 상담을 하며 독서에 대한 여러 질문들을 받아왔습니다. 요즘 학생과 학부모님들에게 자주 듣는 독서 관련 질문들은 대략 다음과 같습니다.

쌤! 독서가 왜 이렇게 복잡하고 막막하죠?

선생님! 대학 가는 데 독서가 얼마나 중요한가요?

진로를 정하지도 못했는데 어떤 책을 읽어야 하나요?

진로 독서는 어떻게 준비하면 될까요? 영어교사가 되고 싶은데 어떤 책을 읽어야 하죠?

의예과를 진학하고 싶은데 무슨 책을 읽으면 좋을까요?

전공적합 도서는 어떤 책일까요?

생명과학부에 진학하고 싶은데 어느 책을 읽어야 하나요?

독서량이 많으면 학생부 종합 전형에 유리한가요?

100권 정도 읽으면 가산점이 있는지요?

서연고 등 명문대에 가려면 어떤 책을 읽어야 하는가요?

기계공학과에 가려는데 전공 서적은 어디까지 읽어야 하나요?

대학교에서 추천한 도서목록을 다 읽어야 하나요?

우리학교 추천도서 모두 읽어야 하나요?

자연계 쪽으로 진학하려는데 인문학 서적을 읽어야 하나요?

교수님들의 논문도 찾아 읽으면 유리한가요?

서울대 진학한 선배들이 많이 읽은 책을 저도 읽어야 하는가요?

인문계 지원하려는데 이공계나 컴퓨터 공학 서적을 읽어야 하나요?

1학년 때는 어떤 책을 읽으면 좋은가요?

2학년 때는 전공과 관련된 책을 많이 읽어야 하나요?

3학년 때 읽은 책은 대학에서 인정하지 않는가요?

책을 읽은 권수가 적으면 대학에 떨어지나요?

우리 학교 필독도서를 다른 친구들도 같이 읽었는데 같은 대학에 진학하면 불이익이 있나요? 이제는 독서활동 상황에 제목과 저자만 쓰는데, 꼭 책을 읽어야 하나요?

질문들이 정말 다양하죠? 어찌 보면 이런 질문들은 독서에 대해 잘 모르는 편견과 오해 때문에 생긴답니다. 독서가 대학입시, 즉 학생부 종합 전형에 어떤 영향을 끼치는지, 꼭 독서가 필요한지, 어떻게 독서 활동을 잘할 수 있을지, 이제부터 그 핵심을 짚어보겠습니다.

독서에 대한 샘의 팁

1학년 때는 '잡학'이어야 합니다. 즉 편식하지 말고 읽어야 합니다. 그리고 책을 통해 진로를 탐색해야 합니다. 굳이 말하자면 '넓게'가 중요하죠. 2학년 때, 구체적인 진로가 정해지면, 진로 관련 책을 읽어야 합니다. 물론 전공 관련 책에서의 지식 획득이 아니더라도 자신이 읽은 책에서 진로나 전공을 탐색하고 찾아가는 역량이 더 중요합니다. 역시 정리하자면 '깊게'가 되겠죠. 3학년 때 읽은 책은 속 보인다고 하는데 천만의 말씀입니다. 3학년 때 심화 도서를 정하고 자신의 구체적 진로를 정하는 것도 중요합니다.

여러 학생이 같은 공통도서를 읽었다고 낙방하는 것은 아닙니다. **어떤 책을 읽어야 하는가 보다는 어떤 계기로 책을 읽게 된 것이 중요합니다.** 책을 읽은 계기, 읽고 난 후의 느낌, 자신의 성장! 이 모든 내용은 참고사항입니다. 책을 통해 지식 욕구를 해소하고 철학이나 사상 그리고 앞으로 이루어나갈 꿈을 발견하고 진로 결정에 미치는 영향이 중요하죠.

한 권의 책을 읽으면, 다른 책을 엮어 읽고 깊이(심화) 있는 발전을 이루게 됩니다. **독서가 꼬리를 물고 물어 깊이 있는 심화 독서로 나아갑니다.** 지식의 획득은 물론 지식을 활용할 수 있는 역량을 키워가는 것이 바로 진정한 독서입니다! 대학을 가기 위한 목적을 위한 독서보다 학습의 역량을 키우는 독서가 중요하다는 말이죠. 이런 독서의 결과로 좋은 대학 진학이 따라오니 사실 '덤'에 가깝습니다.

일부 잘못 알려진 사실로 책을 백 권 읽어야 한다, 전공 서적을 많이 읽어야 한다 등의 소문을 많이 들었을 것입니다. 그런 말하는 사람은 정말 책을 안 읽은 사람입니다. 독서로 대학을 보내보지 못한 사람입니다. 그러니 무서워 말고 적극적인 독서를 해야 합니다. 즉 자신이 읽고 싶은 책을 읽고, 책에서 접한 내용을 바탕으로 또 다른 도서를 선택하며 점점 자신을 찾아가는 독서를 해야 합니다. 이런 독서야말로 자신만의 꿈과 진로에 결정적인 영향을 미칠 수 있습니다. 독서는 지식을 획득하고, 자기 삶의 가치를 발견할 뿐만 아니라 자신의 목표를 정하는 데 큰 영향을 미칩니다. 자연스럽게 입시에도 큰 영향을 줍니다.

전공을 탐색하는 방법에는 여러 가지가 있습니다. 상담이나 부모님의 권고, 주변 환경과 교사들의 가르침 등. 그리고 독서를 통해서도 전공을 정할 수 있습니다. 책을 통해서 진로가 구체화되고 관련 도서를 찾아 독서하다 보면 자신의 진로를 정하는 데 큰 도움을 얻을 수 있습니다.

독서는 학생부 종합 전형의 중요한 덕목 중 하나입니다. 그리고 구술면접에도 중요한 가르침을 줍니다. 독서는 지적 호기심을 유발합니다. 그리고 진로 탐색, 진로와 연계된 심화 독서, 자기주도학습을 통한 역량 강화에 도움이 되니 입시에 영향을 미친다고 볼 수 있죠. 독서 활동 상황 내용이 생활기록부에 기록되지 않아도 독서한 내용을 활용한 토론이나 발표 수업 그리고 다양한 평가를 통해 교과 세부특기에 어떻게 기록되느냐가 입시에 큰 영향을 줄 수 있습니다.

'나는 이렇게 책을 읽었다'

인문계 학생과 자연계 학생을 대상으로 '나는 이렇게 책을 읽었다'를 소개해보려고 합니다. **지현이의 진로희망은 1학년 교육전문직, 2학년 사회학 연구원, 3학년 사회학 교수입니다. 이 학생의 독서기록 상황을 보겠습니다.**

지현이의 1학년 독서활동에 기록된 책은 『페아노가 들려주는 자연수 이야기』(백석윤)였습니다. 지현은 이 책을 이렇게 읽었죠. 수학 I 수업시간에 선생님이 소개해준 페아노에 대해 알아보고자 검색했고, 『페아노가 들려주는 자연수 이야기』를 찾아 읽었습니다. 이후 수학적 귀납법 사례 발표에서 '페아노의 생애와 페아노 공리계'를 주제로 삼아 발표하였고, 1+1=2임을 설명하는 과정을 통해 공리의 중요성을 제시했습니다. 대부분의 학생은 수업 중 선생님이 소개한 수학자에 대해 그런 사람이 있었구나 하고 넘어가는데, 이 학생은 페아노에 관심을 갖고, 관련 책을 찾아 읽고, 이를 과제에 접목해 독특한 과제를 제출한 것입니다.

2학년 때 『경제학 강의』(장하준)를 읽었습니다. 금융 관련 용어를 이해해보고자 선택한 책이었죠. 그런데 이 책을 읽고 '피델리티 피두시어리 뱅크에 난리가 났어요'라는 주제로 금융 산업 전반에 대한 보고서를 작성했죠. 그리고 복잡한 금융 시스템에 대한 적절한 규제에 대해 고민하게 되었다고 합니다.

3학년 때 『대논쟁! 철학 배틀』(하타케야마 소)를 읽었습니다. 우리나라와 일본과의 마찰에 어떻게 슬기롭게 대처해야 할지에 대해 고민하다 찾아 읽었다고 합니다. 철학사적으로 중요하게 다뤘던 논제 또는 현대사회에서 문제가 된 이슈에 대해 사상가들이 토론을 펼치는 내용입니다. 이를 통해 일본과 관련된 다양한 사회역사적 사항에 대해서도 관심을 가지게 되었다고 합니다.

민지는 진로 상담 때, 1학년 생명공학연구원, 2학년 신약 개발 연구원, 3학년 의사가 진로 희망이었습니다. 민지의 1학년 독서활동 상황에 기록된 책은 『페르마의 마지막 정리』(사이먼 싱)이었습니다. 와일즈를 포함한 페르마의 정리를 증명해내기 위한 수학자들의 끈질기고 위대한 집념에 감명을 받았다고 합니다. 노력한 결과가 수포로 돌아가더라도 실패가 아니며, 그 과정에서 나온 산출물도 충분히 가치 있으며, 수학 문제를 풀 때 모르는 문제에 대해 바로 답을 확인하는 것이 아니라 끝까지 풀어보는 습관을 가지게 되었다고 합니다. 이러한 변화를 미적분 I 교과 선생님도 확인했고 교과세특에 적어주었습니다. 독서를 통해 자신의 학습방법이나 태도를 바꾼다는 것이 말처럼 쉬운 일이 아닙니다.

2학년 작문 시간에는 『모모』(미하엘 엔데)를 읽고, 신약 개발 연구원이 되겠다는 자신의 진로와 연관시켜 이해한 내용을 한 편의 글로 작성했습니다.

3학년 때 읽은 『고마운 미생물, 얄미운 미생물』(천종식)은 생명과학 시간에 발효에 대해 배우면서 미생물에 대한 관심을 바탕으로 이해를 높이고자 읽은 책이었습니다. 인간 면역체계에 큰 도움을 주는 장내 미생물과 사람이 분해할 수 없는 다당류를 분해해 흡수 가능하게 하는 미생물이 있다는 것을 인포그래픽으로 표현하고, 이를 학급에 게시했습니다. 또한 헬리코박터와 다양한 미생물의 생존 전략에도 관심을 가지게 되었다며 이 분야에 대한 호기심과 더 깊이 공부하고자 하는 의욕을 보였습니다.

책을 읽은 것도 중요하지만 읽은 느낌이나 지식 그리고 가치를 자신의 진로나 교과에 맞게 새로이 창출하는 것이 독서의 장점입니다.

그것은 자신의 무기가 됩니다.

인문계열 추천 독서 라인

아직 독서에 대한 여러 궁금증이 있을 것입니다.

쌤! 독서 어떻게 해요?

인문계열 학생은 어떤 책을 읽어야 하나요?

선배들은 어떤 책을 읽었나요?

지금부터 이야기하는 책들은 필독서가 아닙니다. 이런 책을 굳이 읽지 않아도 상관없습니다. 다만 인문계열에서 자신의 꿈을 찾으려는 학생들에게 학생과 함께 만들어간 독서 라인을 보여주고 추천하고자 합니다.

인문계열 학생들에게 추천하는 첫 번째 책은『지적 대화를 위한 넓고 얕은 지식』입니다. 역사, 경제, 정치, 사회, 윤리 편과 철학, 과학, 예술, 종교 편으로 구성된 이 책은 고등학생이라면 반드시 알아야 할 정말 기본적인 지식들이 담겨 있습니다. 특히 다양한 개념에 대한 소개로 시작해 우리가 살면서 혹은 살아왔던 시간 동안 한 번쯤은 들었던 이야기들에 대한 제법 자세한 설명으로 이루어져 있죠. 교양 있는 대화를 위한 얕은 수준의 지식이니, 반드시 여러분이 알아야 한다고 생각합니다. 그리고 한 걸음 더 나아가기 위해 꼭 필요한 상식들을 정말 많이 알려주고 있습니다.

첫 번째 책이 넓고 얕은 책이라면 다음에는 조금 더 깊게 들어가 봐야겠죠? 사실 가장 좋은 건 **꼬꼬독(꼬리에 꼬리를 무는 독서)**이라서 책을 읽고 궁금한 내용을 찾아보는 것이 가장 좋습니다.

인문계열에서 가장 중요한 것은 '인간에 대한 이해'라고 생각합니다.

"사랑한다는 것, 그것은 서로를 마주보고 있는 것이 아니라 둘이 함께 같은 방향을 바라보는 것이다."

어디서 들어본 적 있죠? 이 유명한 말은 생텍쥐페리의 『인간의 대지』라는 책에서 나온 말입니다. 생텍쥐페리 하면 『어린 왕자』가 유명하죠. 그의 책 중 강추하는 책이 『인간의 대지』입니다. 이 책을 통해 우리는 인간이라는 존재에 대해 깊이 고민하는 시간을 가질 수 있습니다. 인간의 관계와 책임의 문제, 그리고 인간의 위대함이 이 책을 읽어야 할 이유라고 봅니다. 이 책을 통해 인간에 대한 더 많은 고민이 이어지기를 바랍니다.

인간에 대한 이해를 위해 읽어야 할 책은 사실 너무나 많죠. 하지만 내용을 이해할 수 있는 수준의 책들이 중요합니다. 독서는 단계적으로 해나가는 것이 중요합니다. 단계를 넘으면서 폭발적으로 독서가 이뤄지긴 하지만, 지금은 단계를 차분히 밟기를 바랍니다. 톨스토이의 『부활』이나, 도스토예프스키의 『죄와 벌』, 빅토르 위고의 『레미제라블』은 인간에 대한 이해를 이야기할 때 빼놓을 수 없는 소설들입니다.

하나 더 강추한다면 푸슈킨의 『대위의 딸』이 있습니다. 우리나라에는 "삶이 그대를 속일지라도 / 슬퍼하거나 노여워 말라"로 잘 알려진 푸슈킨은 러시아의 '뿌가쵸프의 반란'을 배경으로 이 소설을 완성했습니다. 인간과 사랑, 권력과 명예에 대한 코드는 이 소설의 핵심이기도 하죠.

인간에 대한 기본적인 논의들은 당연히 서양에서만 이뤄진 것이 아닙니다. 동양에서도 활발하게 '인간'에 대한 논의가 이뤄졌죠. 말할 수 없이 많은 책들이 있지만 저는 이 모든 동양고전의 입문서로 꼭 추천하는 책이 있습니다. 인문계열 학생이라면 대학에 가서라도 꼭 읽으면 좋겠다고 생각하는 『강의』라는 책입니다.

일단 제목이 주는 압박감이 대단하죠? 신영복 교수의 『강의』는 우리 사회의 구성 원리를 '관계론'에 두고 고전을 재해석한 책입니다. 다소 어렵게 느껴질 수 있으나, 동양 고전이 생각보다 어렵지 않은 놀라운 경험을 할 것입니다. 다 읽고 나면 세상에 대한 이해가 확 넓어질 것이라 감히 말할 수 있습니다.

책을 읽고 나면 신영복 교수의 다른 책에도 손이 갈 수밖에 없습니다. 『감옥으로부터의 사색』, 『담론』까지 보면 좋습니다. 저는 『담론』의 한 구절이 너무나 가슴에 와닿았습니다. 그것을 책상에 붙여두고 항상 보고 있죠.

"언약은 강물처럼 흐르고 만남은 꽃처럼 피어나리."

인문계열 학생은 이 정도 책을 읽고 나면 지식의 폭이 어마어마해질 것입니다. 당연히 제가 추천한 책뿐 아니라, 그 책들에서 소개된 책들을 통해 지적 호기심을 충족시킬 테니까요. 이제 더 확장해서 아르놀트 하우저의 『문학과 예술의 사회사』, 『루쉰 전집』, 베케트의 『고도를 기다리며』 같은 책도 방향을 잡기에 아주 좋습니다.

국문학과를 생각한다면 『그리스인 조르바』, 『난장이가 쏘아올린 작은 공』, 『광장』 같은 책을 읽으면 큰 도움이 됩니다.

역사학과라면 주경철의 『문화로 읽는 세계사』, 『역사란 무엇인가』를 추천합니다.

철학과라면 『아주 오래된 질문』, 로버트 루트번스타인의 『생각의 탄생』을 읽으면 좋겠습니다.

사실 이 정도로도 훌륭한 라인이 완성된 것입니다. 이 책들을 읽으면서 자신의 관심과 기호에 따라 추가되는 책들이 마구마구 생겼을 테니까요. **독서 라인을 구성할 때 가장 중요한 것은 자신의 어떤 질문을**

해결하기 위해 책을 읽었느냐는 것입니다. 그래서 제가 추천한 책들을 그대로 따라 읽는 것은 크게 의미가 없다고 봅니다. 책을 통해 스스로 답을 얻고 멋진 결과를 만들어보기를 바랍니다.

자연계열 추천 독서 라인

자연계열 학생은 어떤 책을 읽어야 하나요?

선배들은 어떤 책을 읽었나요?

인문계열 학생들에게만 소개할 수는 없죠. 자연계열 학생의 궁금증을 해소해보겠습니다! 마찬가지로 지금부터 이야기하는 모든 책은 필독서가 아닙니다. 굳이 읽지 않아도 상관없습니다. 다만 자연계열에서 자신의 꿈을 찾으려는 학생에게 제가 학생들과 함께 만들어간 독서 라인을 알려주니 참고하기를 바랍니다.

자연계열을 희망하는 학생을 위한 독서에서 제가 가장 중요하게 생각하는 것은 '왜?'라는 가장 원초적인 질문입니다. 자연의 근원에 대한 가장 근본적 질문이 자연계열의 학생에게 요구되는 능력입니다. 그런 의미에서 첫 번째로 출발하는 책은 가벼워야겠죠.

사실 중학교 때쯤 읽었으면 좋았으리라 생각하는 책이 있습니다. 정재승 교수를 일약 스타로 만든 『과학 콘서트』입니다. 이미 읽은 학생들이 아주 많을 것입니다. 그래서 사실 출발이 되었으면 하는 책은 정인경 박사의 『과학을 읽다』와 장하석 교수의 『과학, 철학을 만나다』 입니다.

'누구나 과학을 통찰하는 법'이라는 부제를 달고 있는 『과학을 읽다』는 정말 누구나 쉽게 과학에 접근할 수 있도록 길을 열어주는 책입니다. 1학년 인문계열 학생에게도 강추하는 책이죠. 역사, 철학, 우주, 인간, 마음이라는 5개 챕터, 25권의 책을 통해 유명한 과학자들의 책을 '읽어낼 수 있도록' 도와주는 책입니다. 제가 학생들에게 무척 강조하는 부분입니다. 무작정 어려운 책을 선택하기보다 폭넓게 소개하는 책을 통해 자신에게 맞는 책, 끌리는 책에 도전하면 좋습니다.

재레드 다이아몬드, 뉴턴, 갈릴레오, 칼 세이건, 스티븐 호킹, 찰스 다윈, 리처드 도킨스 등이 등장합니다.

자연계열 학생들이 읽으면 좋겠다는 대부분의 책이 여기에 모두 소개되어 있으니 멋진 책이라 할 수 있죠. 이 책과 함께 읽으면 좋겠다고 생각한 책이 장하석 교수의 『과학, 철학을 만나다』입니다. 과학철학자로 유명한 저자는 캐임브리지대학 최초의 형제 교수로도 유명합니다. 『나쁜 사마리아인들』로 유명한 장하준 교수의 친동생입니다.

이 책은 '과학적 탐구'에 대해 이야기하고 있습니다. 주기율표를 외우고, 화학 기호를 외우는 것이 과학이 아니라 '과학적 탐구'의 경험을 가지는 것, 그래서 과학적 사고방식과 과학 지식의 본질을 이해하는 것의 중요성에 대해 말하고 있습니다. 과학과 철학의 훌륭한 콜라보를 볼 수 있습니다. 무려 440페이지밖에 안 됩니다!

이렇게 읽고 나면 어느덧 '꼬꼬독'이 발휘될 것입니다. 읽다 보면 어느새 다른 책들이……. 방법은 알죠? 저자의 책들을 두루두루 읽거나, 관심이 가는 주제를 검색하거나…….

아, 또 하나의 책이 있습니다. 이 책은 제가 이 강의를 핑계로 과학책 지르기를 당당히 시도하면서 읽은 책입니다.

나카야 우키치로의 『과학의 방법』입니다. 앞에서 읽은 두 책을 깔끔하게 정리해준다는 느낌으로 읽으면 딱 좋습니다. 그리고 모리 다쓰야의 『이상하고 거대한 뜻밖의 질문들』도 큰 도움이 될 것입니다. 과학적 방법은 결국 과학적 질문과 과학적 사고의 과정이니까요.

이 네 권의 책을 통해 과학적 사고에 접근하는 방법을 확실히 익히리라고 생각합니다. 이쯤에서 뇌과학자의 과학적 질문에 대한 궁금증을 가지고 『김대식의 빅퀘스천』을 함께 읽는다면 금상첨화겠습니다.

사실 이렇게 읽고 나면 이미 자신만의 '꼬꼬독'이 만들어졌을 것입니다. 다음으로 이어질 과학 독서 영역의 분기점이 되겠죠. 다만 자연계열 학생은 좀 더 폭넓게 공부할 필요가 있습니다. 그런 점에서 한 걸음 더 나아간 책이 칼 세이건의 『코스모스』입니다. 워낙에 과학의 고전이고 유명한 책이죠. 이 책의 아이디어로 만들어진 영화도 제법 있습니다. 저는 이 책에서 가장 감명 깊었던 구절이 있습니다.

"우리가 이제 떠나려는 탐험에는 회의의 정신과 상상력이 필요하다."

과학자가 갖추어야 할 가장 중요한 능력을 표현한 말이라고 느꼈습니다. 끝없이 '왜'라는 질문을 던지고, 다른 사람이 보지 못하는 것을 상상하는 능력. 과학적 사고와 접근이 돋보이는 이 책은 꼭 읽기를 바라지만 쉽지는 않을 것입니다. 책을 가진 학생은 알겠죠. 700페이지가 넘어요.

이와 병행해 읽으면 하는 책은 양자역학의 출발점이 되는 책, 바로 하이젠베르크의 『부분과 전체』입니다. 불확정성의 원리를 제시한 하이젠베르크의 학문적 자서전이라고 볼 수 있는 책이죠. 이 책에서는 닐스 보어, 파울리, 플랑크, '슈뢰딩거의 고양이'라는 사고 실험으로 유명한 슈뢰딩거, 아인슈타인과의 토론과 대화와 사고 실험을 통해 과학의 한 학문이 탄생하는 모습을 보여주고 있어 강추합니다. 앞서 책들을 통해 고민했던 과학적 탐구의 자세와 과정을 보여주는 거의 완벽한 책이라고 생각합니다. 쉽지는 않은 책이긴 합니다. 하지만 두려워하지 마세요! 지금 이해할 수 있는 부분만 이해하면 됩니다.

과학의 불확실성에 대한 독특한 견해를 보여주는 물리학 천재, 리처드 파인만의 『과학이란 무엇인가』도 추천합니다. 아마 리처드 파인만에게 푹 빠지게 될 것입니다. 진짜 재밌는 과학자라서 『파인만 씨, 농담도 잘하시네!』를 자연계열을 꿈꾸는 학생들이 꼭 읽으면 좋겠습니다. 진짜 과학자가 어떤 사람인지를 알게 될 수도 있습니다. 이 책을 읽다 보면『파인만의 여섯 가지 물리 이야기』와 같은 책으로 자연스럽게 이어질 수 있죠.

우주와 원자에 대한 탐색이 이뤄졌다면, 이제 '인간'에 대한 고민으로 이어지는 것이 필요합니다. 인간에 대한 고민은 사실 여러 면에서 시도할 수 있지만, 자연계열 학생이라면 리처드 도킨스의『이기적 유전자』가 출발점이 될 것입니다. 워낙에 유명한 책이라서 이미 도전해 본 학생들도 있을 것입니다. 사실 쉽지 않은 책이죠. 600 페이지가 넘는 책이고요. 이 책의 내용은 다음 문장으로 요약될 수 있습니다.

"인간은 이기적 유전자의 복제 욕구를 수행하는 생존 기계다."

출간 당시에 엄청난 이슈를 만들었던 책입니다. 이 책을 읽은 사람은 엄청 있어 보이는 단어인 '밈meme'에 대해 말할 수 있습니다. 이 책을 읽고 리처드 도킨스의 의견에 동의 혹은 반대를 한다면『눈먼 시계공』이라는 책도 함께 읽어보길 추천합니다.

이 책을 격찬한 사람들 중에 이 책으로 인생관이 바뀌었다고 말하는 분들도 많습니다. 대표적인 분이 최재천 교수입니다. 우리나라에 '통섭'이라는 개념을 소개한 교수이죠. 그 책은 에드워드 윌슨의『Consilience : The Unity of Knowledge』라는 책을 그의 제자인 최재천 교수가『통섭: 지식의 대통합』이라는 제목으로 번역한 것입니다. 이 책을 통해 우리는 사회생물학이라는 새로운 학문을 접할 수 있죠.

자, 여기까지만 해도 벌써 엄청난 독서입니다. 이후에는 자신만의 독서라인을 만들어가는 것이 중요합니다. 어려운 책들만 소개하고 있어서 힘들다고 느낄 수 있겠네요. 살짝 쉬운 책들로 마무리를 해볼까 합니다. 일단 특정 주제로 들어가기 위해 쉬운 책들로 시작하는 것도 좋은 방법입니다.

'OOO이란 무엇인가' 같은 제목의 책은 각 학문의 영역을 잘 설명하는 책일 수 있습니다. 인문학에서는 『정의란 무엇인가』 같은 책이 있고, 자연과학에도 아주 많죠. 시간, 차원, 중력, 공학, 양자역학, 금속, 지구, 생명공학, 지능 등을 두고 무엇인가라는 말이 붙은 책이 많습니다. 그러니 자기가 관심이 가는 영역의 'OOO이란 무언인가'라는 책을 무턱대고 찾아보는 것도 좋은 방법이죠.

그리고 과학 쪽은 정말 자신이 알고 싶은 이야기를 쉽고 짧게 쓴 책들이 많습니다. 가장 대표적이고 접근하기 쉬운 책이 '과학자가 들려주는 과학 이야기' 시리즈입니다. 전 130권이니 궁금한 내용은 거의 다 들어 있을 것입니다. 재미로 도전해보긴 좋은 시리즈입니다.

이상은 자연계열 학생의 가장 기본적인 형태의 독서 라인입니다. 실제 제가 지도했던 학생들의 독서 라인이기도 하고요. 여기에 학과별로 조금씩 다른 전공 관련 도서를 추가하면 퍼펙트하겠죠.

수학과라면 『페르마의 마지막 정리』, 『뷰티풀 마인드』도 좋고, 영국의 천재 수학자이면서 인공지능 영역을 개척한 『앨런 튜닝』도 큰 도움이 될 것입니다.

물리학과라면 『LHC, 현대 물리학의 최전선』, 『과학혁명의 구조』가 추천할 만합니다. 저는 아들과 함께 『LHC, 현대 물리학의 최전선』를 읽었는데 정말 강추합니다. 입자 가속 및 충돌기를 의미하는 LHC와 CERN(유럽입자물리연구소)에 대한 이야기가 가득한 책입니다. 600페이지가 살짝 넘어서 조금 힘들기는 했지만 도전할 만한 책입니다.

화학과라면 『같기도 하고 아니 같기도 하고』를 강추합니다! 워낙 고전이지만 그래도 강추합니다! 『역사를 바꾼 17가지 화학 이야기』와 『화학으로 이루어진 세상』도 추천합니다.

5장

합격 사례로 분석하는 학종 대비법

SKY, 이렇게 간다

자, 정말 길게 따라왔습니다. 이제 대미를 장식하는 이야기를 해보겠습니다. (혹시 이 페이지부터 펼쳤다면 실수를 한 것입니다. 지금 멈추고 처음부터 읽기를 추천합니다. 앞의 이야기를 이해하고 동의하지 않으면 사실 지금부터 하는 이야기는 받아들이기 힘들 수 있습니다.)

이제 기다리고 기다리던 이야기를 해보겠습니다.

서울대, 연세대, 고려대는 많은 학생들이 가고 싶어 하는 대학이고 부정할 수 없는 사실입니다. 특히 학생부 종합 전형으로 진학하려는 학생은 정말 치밀하게(치열하게) 준비해야 하죠.

그럼, SKY를 지원하는 학생들은 어떤 학생들일까요?

특목고나 전국구 자사고의 일부 학생을 제외한 일반고 학생의 경우, 보통 각 학교에서 전교 10등 안에 드는 학생들이 지원합니다.

즉 성적이 어느 정도 된다고 판단하는 학생들이 지원한다고 보면 됩니다. 등급으로 말하면 1등급대 학생들이죠. 그렇다고 2등급 이하 학생이 지원하면 안 된다는 의미가 아닙니다.

흔히 대학들은 학생부 종합 전형의 평가요소로 전공적합성, 인성, 발전가능성, 학업역량의 네 가지 요소로 평가한다고 합니다.

내신성적은 전공적합성 평가요소 중 전공 관련 교과목 이수 및 성취도와 학업역량 평가요소 중 학업성취도에 해당된다고 보면 됩니다.

그런데 SKY를 지원하는 학생이라면 대부분 여기서 큰 차이가 나지 않을 수 있습니다.

그렇다면 어디서 차별화가 이루어질까요? 다음과 같은 세부 평가 항목에서 구분될 수 있겠죠.

전공적합성 : 전공에 대한 관심과 이해, 전공 관련 활동과 경험

인성 : 협업능력, 나눔과 배려, 소통능력, 성실성, 도덕성

발전가능성 : 자기주도성, 경험의 다양성, 리더십, 창의적 문제해결능력

학업역량 : 학업태도와 학업의지, 탐구활동

그런데 이러한 항목들을 따로따로 준비할 수 있을까요? 그렇게 할 필요가 없습니다. 우리가 열심히 학교생활을 하는 과정에서 자연스럽게 준비할 수 있습니다.

학교생활로 꿈을 디자인하다

건축학과를 희망하는 학생의 이야기를 해보겠습니다.

학생의 학업역량을 보면 1.9대 성적을 가졌고 3년 동안 건축학과에 진학하겠다는 목표가 뚜렷했습니다.

가장 기억에 남는 것은 이 학생이 기하를 학습하는 과정이었습니다. 수학에서 기하는 대부분의 학생이 어려워하는 과목이죠. 공간도형 문제는 종이에 삼차원 입체를 그리기 때문에 해결하기 어려운 유형입니다.

그런데 이 학생은 첫째, '입체 그대로를 읽는 방식'으로 문제에 나오는 도형을 직접 그려서 이해하며 분석했습니다. 정팔면체 속 직각을 표현하기 위해 한 시간 동안 정팔면체를 그리려 한 적도 있고, 정육면체를 그리기 위해 다양한 정육면체를 그리다 정육면체를 표현하는 일관된 규칙을 발표하는 등 단순한 그림 연습이 아니라 도형을 새로운 관점에서 보려고 노력했죠. 둘째, 입체를 단면화해 평면으로 표현했습니다. 건축 설계에는 평면도와 입면도가 주로 이용되는데, 이렇게 그리는 과정이 자신의 진로활동에도 도움이 된다 생각하니 더 즐겁게 공부할 수 있었다고 하더군요.

정말 섬세한 학생이었습니다. 발표 PPT를 제작할 때, 발표 내용에 맞는 표와 그래프, 그림을 자세히 만들었고, 적절한 애니메이션 효과를 넣어 모든 선생님이 PPT 하면 이 친구를 떠올릴 정도였습니다.

혹시 정지 신호에 맘춘 차 안에서 '계속 진행 신호를 받을 수 있다면 좋겠다'는 생각을 해본 적이 있나요? 좀 엉뚱하지만, 이 학생은 실제 등하굣길 1.5Km의 도로를 걸으며, 구간 내 모든 교차로의 신호 주기를 조사했습니다. 조사 과정에서 차량의 신호 효율을 높이면, 보행자 신호는 비효율적이게 된다는 사실을 알게 되었습니다. 이를 바탕으로 여러 당사자의 입장을 모두 고려하지 못하면 누군가는 피해를 받으니, 모든 당사자의 이익이 최대한 고려되는 방식으로 문제를 해결해야 한다고 생각했습니다. 단 응급상황의 구급차는 예외가 되겠죠. 순방향의 차량, 역방향의 차량, 보행자 요인을 고려해보아도 쉽지 않았습니다.

결국 양방향이 아닌 단방향 신호 체계를 조절하는 것으로 목표를 변경해 진행했지 마무리하지 못했죠.

우리는 대부분 성공한 사례만 생각합니다. 하지만 이 친구처럼 호기심을 가지고 활동을 기획하고 진행했지만, 결말이 좋지 않은 경우도 있습니다. 이런 실패는 교과서에서 배우지 못하는 중요한 경험입니다.

학생이 직접 도로를 걸으며 조사하고 탐구한 내용은 자연스럽게 학생의 진로활동으로 작성될 수 있습니다.

누군가는 도로의 신호 체계와 건축학과과 무슨 연관성이 있냐고 물을 수도 있겠죠. 맞습니다. 그런데 왜 건축학과에 지원하는 학생은 건축학과 관련 활동만 해야 하나요?

다시 물어보죠. 건축학과 관련 활동은 뭘까요?

주변에 호기심을 가지고 문제를 해결해보려는 노력! 이것은 특정 학과에 국한되는 활동이 아닙니다. 폭넓은 탐구 역량은 당연히 건축학과뿐 아니라 다른 학과에도 적용이 되겠죠.

또한 이 학생은 중학생 때부터 텃밭 봉사를 하며 식물을 기르고 수확해 기부하는 활동을 해왔습니다. 아두이노를 이용해 손쉽게 식물을 재배할 수 있지 않을까라는 생각으로 친구들과 활동을 기획했습니다.

기존 활동에서 연계 및 확장하는 활동! 아주 좋은 활동이라고 할 수 있습니다.

식물 공장의 자동화 기술을 가정 내 일반 화초 재배에 접목시킨다면 어떨까라는 생각을 바탕으로 선행연구를 조사했습니다 아두이노에 있는 온도, 습도, 초음파, 조도 센서를 이용해 재배 환경의 빛의 양, 수온, 외부 습도 등을 일정하게 유지하며 식물의 생장을 측정하는 장치를 제작하는 것을 목표로 활동을 진행했습니다.

직접 여러 센서를 수조 내부의 다양한 곳에 붙였다 떼면서, 값이 가장 뚜렷하게 나오는 지점을 찾으려고 노력했습니다. 식물의 키를 측정하기 위한 초음파센서를 붙일 지점을 찾기 위해 센서를 수조의 여기저기 붙였다 떼며 최적의 위치를 찾았죠.

아두이노에 대한 이해도가 높지 않았지만, 미래 건축물은 이렇게 공학적 요소가 결합된 형태로 발전할 수 있다는 동기가 작용해 모둠활동에 적극적으로 참여하고 배우려는 모습을 보였습니다.

흔히 교외 대회는 생활기록부에 기록되지 않으니, 참여의지가 저조한 것이 사실입니다. 보통 교외 대회 참여는 무의하다고 생각하는 학생이 많은 것 같습니다. 정말 그럴까요? 저는 그렇게 생각하지 않습니다.

교내 교외 구분 없이 대회를 준비하는 과정에서 충분히 배울 수 있다고 생각합니다.

교외 대회는 나와 비슷한 관심을 가지는 타학교 학생들과 경쟁하면서 성장할 수 있는 기회입니다.

이 학생은 가족과 숲을 걷다가 구멍이 뚫린 나무들을 보았고 궁금했습니다. 그리고 탐구를 시작했죠. 구멍은 참나무시들음병을 일트키는 광릉긴나무좀에 의해 생기는 것이라는 것을 알게 되었다고 합니다. 이를 바탕으로 '우리 동네 세심천의 참나무시들음병 실태 탐구'라는 주제로 연구를 진행했고, 학교 대표로 서울특별시과학전람회에 출품했습니다.

이 과정에서 자기가 사는 지역의 생태와 참나무 종류에 대해 더 자세히 알 수 있었겠죠. 그리고 다른 학생들의 작품을 보면서 보완할 것도 알게 되었다고 합니다. 이렇게 외부 대회를 준비하는 과정에서도 많은 역량을 기를 수 있습니다.

건축학과에 진학하려면 어떤 활동을 해야 하냐고 묻는다면, 자신 있게 말할 수 있습니다. 정해진 활동이 없다고요.

다시 말하면, **어느 학과도 어떤 활동을 해야 한다고 정하지 않습니다.**

여러분이 학교에서 하는 활동 하나하나가 의미 있다고 생각하면 됩니다.

학생부 종합전형은 학생의 고등학교생활 전반을 평가합니다. 그리고 대학에서는 학업을 이어갈 수 있는 학생을 선발합니다.

이 학생은 이러한 활동을 기반으로 어디에 합격했을까요?

서울대 건축학과, 연세대 건축공학과, 고려대 건축학과에 합격해 자신의 꿈을 이어가고 있습니다.

사제동행 독서로 SKY를 풀어내다

SKY, 참 할 말이 많죠. 밤새 이야기를 해도 부족할 정도입니다.

하지만 우리는 지금 입시에 대해 이야기하고 있고, SKY를 가는 방법을 궁금해하고 있습니다. 하고 싶은 이야기가 많지만 일단 접고 듣고 싶은 이야기를 해보겠습니다.

그래도 하나는 짚고 넘어가죠. 이 이야기를 시작하면서 제발 〈스카이 캐슬〉은 떠올리지 마세요. 제가 SKY를 보낸 많은 학생 중에 그렇게 살았던 학생은 아무도 없습니다.

SKY를 말하면, '서연고'를 또 빼놓을 수 없죠. 둘은 도대체 무슨 차이일까요? 좀 웃긴 우리 사회의 자화상 같습니다(드라마로 인해 의문의 1승을 한 고려대). 아무튼 SKY, 서연고, 그리고 의치수. 그리고 여러분이 진학할 2022 입시에서 더욱 확대된 '의치수반약한(의대, 치대, 수의대, 반도체[고대, 연대], 약대, 한의대)' 이야기를 하려면 조금 더 많은 이야기를 꺼

내야 하니, 이건 다음 책에서 다룰게요.

SKY, 어떻게 준비하고, 어떤 각오를 가지고, 어떻게 하면 갈 수 있을까요? 단순하게 생각해보죠. 결국 대한민국 고교생의 '최상위권'이 지원을 합니다. 나름 '그들만의 리그'인 것입니다. 전체 인원으로 보면, 수험생의 4% 정도죠. 저는 이렇게 생각합니다. 4%의 대학에 가고 싶다면, 여러분이 대한민국 수험생의 4%의 능력을 갖추면 된다고요. 불가능한 게 아닙니다. '도전'을 통해서 만들어낼 수 있는 이야기입니다.

이번에 소개할 학생은 제가 무척이나 아끼는 학생입니다. 학생과 많은 이야기를 나누는 것이 저의 입시 전략 중에서 가장 중요한 부분입니다. 자신이 정말 하고 싶은 일을 모르는 경우가 많기 때문이죠. 단지 주변에서 들은 것들로 자신의 진로나 학과를 정하려고 합니다. 사실 대체로 성적에 맞춰 대학을 정하는 경우가 더 많긴 하죠.

그래서 입시 지도를 할 때 학생이 어떤 생각을 하고 있는지를 매우 중요하게 생각합니다. 그 생각의 방향을 알아야 제대로 된 학과가 나옵니다. 그래야 학생이 가진 지적 호기심의 실체를 파악할 수 있습니다. 이 글을 읽고 있는 여러분에게 꼭 해주고 싶은 이야기입니다. **스스로에게 자꾸 질문을 해보세요. '나는 이 활동을 왜 했지?'에 대한 궁극적인 답을 찾아가는 과정, 그래서 진짜 내가 누구인지에 대한 고민을 이어가는 것이 훌륭한 학종 대비법입니다.**

자, 본격적인 이야기로 들어가겠습니다.

이민주가 고1 때 처음 만났습니다. 저는 학교에서 방과 후 학교를 개설하지 않습니다. 아니, 정확히는 '먼저' 개설하지 않습니다. 학생들이 와서 개설해달라고 요구하면 개설하는 편이죠. 배우려는 자세와 의지를 보기 때문입니다. 그런 자세와 의지를 갖춘 학생을 지도하는 것을 엄청 좋아하고 행복감을 느끼는 편입니다. 여기서 팁을 하나 알려드리죠. 대한민국 어느 학생부에도 등장하지 않는 문장이 있습니다. 저는 학생부에 이렇게 기록을 해줍니다.

"학생 주도로 개설한 방과후학교 OOO에서……."

이 문장 하나로 학생의 자기주도성과 지적 호기심을 추론할 수 있죠. 학교에서 개설해준 것이 아니라 '학생이 주도해서' 개설했다고? 왜? 면접을 가면 꼭 받는 질문 중 하나라고 하더군요. 이제는 방과 후 학교 입력이 안 되니까 다른 방법을 사용하고 있지만, 시도하고 접근하는 방법 자체를 고민하는 것이 중요합니다. 내가 노력하는 '과정'을 대학이 보니까요.

민주는 우연히(친구 따라!) 저의 방과 후 학교에 참여했고, 거기서 정말 자신의 길을 찾기 시작했습니다. 저의 방과 후 학교 주제는 대체로 '독서' 베이스인데, 첫 시간에 항상 학생들에게 이런 말을 합니다.

"모든 질문은 선하다."

질문을 잊은 여러분에게 던지는 절대적인 명령이 있습니다. "이 방과 후 학교는 질문하지 않는 자를 더욱 집요하게 공격한다. 책을 읽고, 토론하고 발표하는 모든 과정에서 '질문 없는 자'는 응징을 받게 된다.

다른 학생의 발표에 쉼 없이 질문을 던지고, 궁금증을 해결하라. 이 시간만큼은 발표자에 대한 모든 '공격'을 허용한다."

이런 콘셉트이죠. 결국 자신에게 쏟아지는 질문 공세를 피하기 위해 대부분의 학생이 '미친 듯이' 질문을 합니다. 민주도 그랬습니다.

질문을 해야 하니 지정 도서를 공부해야 하고, 발표를 해야 하니 지정 도서 외 책들을 열심히 읽어야 했고, 다른 학생들의 질문에 답하기 위해 관련된 내용을 제대로 숙지해야 했습니다. (발표자뿐 아니라 질문자도 아무 페이퍼도 참고할 수 없습니다.) 그러면서 자신의 지적 역량이 강화돼가는 것을 스스로 경험하게 됩니다. 엄청 재미있기도 합니다.

고1 때 처음으로 함께 읽었던 책은 '지대넓얕'이었습니다. 자신의 선호 주제를 정해서 발표를 진행했는데, 민주는 그중에서 우연히(!) 경제 파트를 담당했죠. 분위기에 적응하지 못하고, 우물쭈물하다가 남들이 다 선택한 후에 남은 것을 했거든요. 선택된 주제가 너무 어려워서 엄청 고생을 했죠. 준비 시간도 많이 걸렸고, 저에게 수시로 와서 질문하고, 도움을 청하고, 그 과정에서 저의 '최애 제자'가 되어갔습니다. 매번 공부하고 와서 조금씩 성장하는 모습을 보이는데, 어떻게 사랑하지 않을 수가 있을까요?

고등학교를 다니면서 인생 최고의 은사를 만들 수 있습니다. 좋은 선생님도 있지만, 우리는 '관계' 속에서 살아가니까 관계를 통해 '나만의 은사' 만들기 프로젝트를 진행해보는 것입니다. 언제든 고교 생활을 떠올리면 생각이 나는 선생님, 평생 닮고 싶은 선생님은 상호작용을 통해 만들어가야 합니다. 더 많이 질문하고, 더 많이 궁금해하고, 더 많이 찾아가다 보면 만들어진다는 걸 꼭 기억하기를 바랍니다. 노력하는 만큼 멋진 선생님들을 만날 것입니다. 대학이 그런 여러분의 노력을 소중히 평가합니다.

다시 돌아가서, 1학년 때 내신성적도 그리 뛰어나지 않았고, 수상실적도 별로 없었던 민주가 저와 함께 끝없는 질문을 통해 자신만의 '지적 호기심'을 점차 확장시켜갔습니다. 우연히 뽑은 경제라는 영역을 자신의 진로 방향으로 설정하고 '경제 관련 연구원'을 희망하게 되었죠. 공부하다 보니 말도 안 되게 재미있었다고 합니다.

2학년에 올라간 민주는 학교 '팀별 탐구 보고서 프로그램'에 팀을 구성해 지원하고, 합격해서 팀 단위 탐구 프로젝트를 진행했습니다. 이때 주제를 '자본주의'로 정했죠. 교내의 특강 프로그램에서 〈EBS 다큐프라임 자본주의〉 담당 피디를 초정해 강의를 진행했는데, 너무 좋았던 것입니다. 그래서 자본주의의 한계라는 주제로 탐구를 시작했고, 이 과정에서 자본주의의 문제점을 매우 많이 직면했습니다. 이 문제를 해결해보고 자신만의 해결 방향에 대한 고민을 2학년 1년 동안 끌고 가면서, 막히면 질문하고, 막히면 책을 읽고, 여러 선생님들에게 질문해보고, 거의 모든 수업 시간에 자신이 공부한 내용을 발표했습니다. 당연히 교과세특이 아주 멋지게 나올 수밖에 없었죠.

자신이 재밌어 하는 분야가 있으면 공부 시간 자체가 즐거워집니다. 민주도 그랬죠. 경제 공부가 재밌으니, 그 공부를 위해 다른 시간에도 시간을 아끼면서 공부하게 되고, 당연히 내신성적이 꾸준히 상승하는 것이죠. 여기서 키포인트를 하나 짚어보겠습니다. 제가 강조했고 민주가 실천했던 것은 바로 모든 지식은 '연결 고리'를 가진다는 점입니다. 그래서 민주에게 끝없이 "네가 궁금해 하는 그 질문이 수학에서는 어떻게 표현되니, 영어에서는 나타난 경험이 없어?"라고 물었습니다. 경제라는 영역이 우리가 배우는 것과 아주 동떨어질 수가 없죠. 그러니 접점을 찾기만 하면 재밌어집니다.

민주가 드디어 마르크스의 『자본론』을 손에 쥐었습니다. 그런데 고교생에게는 쉽지 않은 책입니다. 2학년 2학기에 도전하면서 발표하는 것을 너무 힘들어해서 조금 쉬운 책을 추천해줬습니다.

『원숭이도 이해하는 자본론』이라는 책입니다. 제목을 보고 엄청 좋아하던 민주는 3일 후에 와서 이렇게 말했죠.

"쌤, 저는 원숭이보다 못한가 봐요. 흑흑."

때로는 학문 앞에서 자기의 한계를 만나는 것은 무엇보다 중요합니다. 자신의 한계 앞에서 좌절하지 않고, 넘어서기 위한 '도전'을 하는 법에 대해 이야기를 했고, 민주는 이 이야기를 3학년 입시를 준비하면서 '자기소개서 1번'에 사용했습니다. 민주 입장에서는 놀라운 '학습 경험'이었으니까요.

우여곡절 끝에 『자본론』을 어느 정도 이해했고, 자본주의의 한계들에 대해서도 토론을 통해 어느 정도 이해한 민주는 '해결 방안'에 대해서 고민하기 시작했습니다. 지금 당장은 해결하는 것이 요원하고 고교생인 민주에게는 불가능한 일이겠지만, 자신이 서 있는 공간, 자신이 살아갈 공간과 사회에서는 자본주의가 만든 한계를 최소화할 수 있지 않겠냐며 탐구를 시작했습니다. 탐구가 진행되면서 여러 방향으로 자신의 진로를 고민하던 민주는 2학년 여름방학이 끝날 즈음에 '사회적 기업 CEO'라는 목표를 설정했습니다. 그리고는 사회적 기업의 다양한 사례들을 본격적으로 찾으면서 현실적인 방안으로 존재하는 '공유경제'에 대한 관심을 증폭시키게 됩니다.

공유 경제에 대한 다양한 사례들을 두루 섭렵하면서, 실제 우리나라의 공유 경제가 어떤 방식으로 운영되는지를 조사하기 시작했습니다. 특히 서울시의 공유 자전거인 '따릉이'에 깊은 관심을 가지고, 관련 통계 자료들을 조사하면서 팀 탐구보고서를 작성했죠. 따릉이의 이용 실태와 이용 빈도를 소득별, 지역별, 거점별, 연령별로 조사하고 이를 토대로 공유 경제가 가지는 의미와 활용성에 대한 수준 높은 탐구를 진행했습니다.

2학년이 끝난 겨울방학의 어느 날, 저와 만난 민주는 자신이 탐구한 공유 경제에 대한 내용을 어딘가에 적용하길 원했습니다. 당연한 욕구죠. 알게 된 사실을 적용하고, 적용된 상황을 보면서 더 많은 생각들을 하게 되는 것입니다.

여러분도 지금 무언가를 알기 위해 이 책을 읽고 있죠? 그럼 이제

무언가를 알게 된 것이죠? 그러니 바로 실천해봅시다. 그래야 나의 지식이 됩니다. 책의 지식, 선생님의 지식, 구글의 지식이 아니라, 세상 어디에도 없는 나만의 지식을 만들 수 있는 것이죠.

민주는 질문과 탐구의 과정을 통해 그 단계에 도달했습니다. 자신이 아는 만큼 세상을 바꾸고 싶은 멋진 학생. 그래서 방법을 찾기 시작했죠. 민주가 다니는 학교가 소속된 지역에 존재하는 '공유센터'의 프로그램을 같은 방법으로 분석하기 시작했습니다. 팀원들과 함께 분석하고, 그 내용을 3학년 수업 시간에 발표하고, 조언을 얻고, 나름의 해결책을 만들어보고…….

그리고 공유센터에 연락을 해서 민주의 의도와 프로그램 개편 관련 대안을 보냈습니다. 설명할 수 있는 기회를 달라고 했습니다. 2주쯤 후에 연락이 왔습니다. 센터장님과의 미팅 계획을 세우고, 프레젠테이션을 준비해서 멋지게 해결책을 보여주었죠. 공유 센터 측에서는 진행하는 프로그램의 문제점에 대해 고민하고 있었고, 딱히 해결 방법이 없어서 고민하던 중에 민주의 연락을 통해 어느 정도의 방향을 잡게 되었다고 합니다. 해결책으로 제시한 많은 부분이 수용되고, 홈페이지의 메뉴 개편을 포함한 공유 센터의 프로그램이 부분적으로 변경되기 시작했습니다.

결국 민주는 이런 활동들을 바탕으로 6개의 학종을 쓰고, 그중 5개에 붙었습니다. 최종적으로는 고려대 경영학과를 진학했습니다. 대학이 원하는 역량을 최대한으로 보여준 것이라 생각해도 좋습니다. 자본론과 관련된 공부의 과정에서 '학업역량'을 증명했고, 공부한 내용을 토대로 자신이 속한 지역 사회의 문제와 한계를 해결하기 위해 노력하는 과정에서 고려대가 요구하는 '자기 개발 의지'를 증명했습니다. 경제 영역에 대한 지속적인 탐구와 관심, 그리고 활동을 통해 '전공적합성'을 증명했습니다. 내신이 조금 부족한 면이 있었지만, 그럼에도 불구하고 자신의 역량을 증명하면서 성장을 이루어냈습니다.

지금 보여준 과정만으로 민주가 고려대에 합격한 것은 아니지만, 민주의 합격에 핵심 역량이 된 것은 사실입니다. 그러니 지금 당장 나의 핵심 역량이 무엇인지 파악해봅시다. 어떤 부분에 호기심 있는지가 포인트가 됩니다. 그것이 게임이라면, 게임 속 캐릭터에 대한 분석으로 시작해도 좋습니다. 아이돌을 좋아하는 학생이라면, 그 아이돌이 등장한 배경에 대한 공부를 시작해볼 수도 있습니다. 근래 모 아이돌 그룹을 좋아하는 여학생과 함께 『음양오행설』을 읽었습니다. 학생은 그 재미없는 책을 엄청 재밌게 읽더군요. 자신이 좋아하는 아이돌의 세계관을 이해할 수 있게 되었으니까요. 출발은 어디어도 상관없습니다. 나 자신만의 깊이 있는 무엇을 찾기 위해 공부해봅시다. 그 과정에서 우리는 눈부신 성장을 이룰 수 있습니다.

100회 참여로 새 세상을 만들다

이번에 소개할 학생은 빅데이터를 공부하고 싶은 예비 공학도입니다. 학교 내신은 전체교과 2.8, 국영수과 평점은 2.66 정도인데 빅데이터 전문가를 꿈꾸면서 학생부 종합 전형을 준비했습니다.

1학년 전체 내신성적이 3점대 초반이었는데, 2학년 때 상담을 시작하면서 2점대 후반으로 향상되었고, 3학년 1학기 때는 2점대 초반에서 1점대 후반으로 성적을 올리면서 SKY의 희망을 높인 학생입니다.

상담할 때 제시한 성적을 만드는 학생은 거의 없습니다. 그래도 최선을 다해 목표 대학을 상향해 준비해야 적극적이고 목표지향적인 학교생활을 할 수 있습니다.

이 학생의 내신은 2.8입니다. 그리고 활동 내역을 살펴보면 앞에서 언급한 것처럼 학생부 종합 전형 평가요소를 보면서 준비한 것은 아닙니다! 처음부터 계획하고 준비할 수도 있지만, 현재의 주어진 상황에서 최선을 다하고 적극적으로 학교 프로그램에 참석한 결과 흔히 말하는 대로 SKY 대학에 명함도 못 내밀 성적이지만, 학생부 종합 전형에 응시하여 고려대 전기전자공학부에 합격했습니다.

학교에 1인 1역의 프로그램이 있는데, 이 학생은 분리수거 담당으로서 친구들이 분리수거를 잘할 수 있게끔 쓰레기통에 각각의 버릴 종류들을 라벨지로 붙여놓았고, 거의 매일 청소시간마다 야외 분리수거장에 나가 분리수거활동을 했습니다. 또한 1학년 때 학급 총무, 2학년 2학기에 학급 부회장으로서, 한 학기 동안 학급 친구들을 잘 이끌었으며 회장을 도와 조용한 학습 분위기 반으로 조성했습니다. 또한 친구들을 위해 'Mini Cafe'를 만들어 추운 겨울을 따뜻하게 보낼 수 있게 했습니다. 학급 내 멘토멘티활동을 통해 자신은 친구에게 미적분 II를 가르쳐주고, 친구에게는 화학을 배우는 등 상호보완의 큰 의미를 얻었죠.

이 학생은 타 교과에 비해 수학 성적은 상위권에 속할 정도로 수학에 흥미가 있고 재미도 있었다고 합니다. 그래서 동아리는 메인 동아리활동으로 '수학연구반'에서 카드의 무게중심을 이용하여 급수의 합이 무한대로 발산함을 보이는 실험을 진행하였고, 이론적으로만 배웠던 급수의 합을 실제 상황으로 활용해 증명할 수 있다는 점에 흥미를 얻었습니다. 또한 실험 과정에서 극한을 잘 모르는 친구에게 설명해주는 협동심을 보였으며, 실험 전반의 과정을 이끄는 활동을 했습니다. 함수의 극한 단원과 관련해 유명한 정리인 '로피탈의 정리'가 무엇인지 호기심을 느껴 자유발표주제로 정했고, 보고서를 만들어 수업시간에 로피탈의 정리를 증명하고 로피탈 정리를 적용하여 쉽게 극한값을 구한 예시와 로피탈 정리가 적용되지 않는 예시를 골고루 제시하여 친구들에게 활용 예시를 잘 설명하는 등의 활동을 했습니다.

또 자율동아리 '드론 투더스카이'를 만들어 회장으로 연간활동을 기획하였으며, 드론을 조종하며 드론의 안전에 관심을 가지기도 했습니다 『드론은 산업의 미래를 어떻게 바꾸는가』를 읽고 드론 관련 법규에 대해 새롭게 알게 되었으며 감상문도 작성하고 드론아카데미 견학 및 교육을 이수하기도 했습니다. 이를 방과 후 시간에 배운 아두이노 코딩과 접목시켜 추락 시 경고음을 울리는 드론을 설계했습니다.

중요한 것은 이 학생은 **방과 후 학교나 독서 그리고 동아리에서 배웠거나 활동을 했던 부분은 항상 교과시간에 연계해서 발표하거나 과제에 활용을 했습니다,** 이 부분이 정말 중요한 것 같습니다.

어릴 때부터 배운 영어를 의미 있는 곳에 쓰기 위해 중학교 친구들과 함께 지역 다문화아동들에게 영어와 수학을 가르치는 활동을 꾸준히 했습니다. 지역 아동센터에서 아동들의 학습 지도 및 멘토링, 시각장애인을 위한 도서입력 자원봉사(점자책 만들기), 지구촌 불평등 국가 어린이들을 위한 책나눔(전래동화 번역 재능기부활동), 지역주민을 위한 한여름의 작은 음악회에 악기를 통한 재능기부활동을 진행하는 등 중

학교 때부터 고등학교 3학년까지 빠지지 않고 꾸준히 매주는 아니지만 지속적으로 활동해왔습니다.

또 **진로와 연관이 있든지 없는지 학교에서 진행되는 강연이나 프로그램에 적극적으로 참여했습니다.** 100회 이상 강의를 들었다고 합니다. 다음은 학생이 직접 신청해서 들은 강의들입니다.

'인공지능시대, 미래 직업과 창의인재(국제관계학 박사)', '신약개발의 이해(화학연구기관 책임연구원)', '대학 전공 알림단 전공강연—소프트웨어 전공', '아이언 슈트는 어떻게 만들까?(과학기술정보연구기관 연구원)', 'TTA, 소프트웨어 테스트 전문가를 말하다(정보통신 전문가)', '4차 산업혁명에서 화학의 역할(화학과 교수).'

정말 다양하고 많죠? 강의를 듣고, 강사에게 적극적으로 질문하는 모습도 보였습니다.

또한 진로 프리젠테이션의 '나 광고하기'에서 "에너지 넘치고 방전 없는 배터리"라는 한 줄 문구로 자신을 표현하였고, 사무엘존슨의 "자신감은 위대한 과업의 첫 번째 조건이다"라는 명언을 좌우명으로 삼고 IT분야에서 최고의 인재가 되겠다는 자신감을 보여주었죠. 또한 과학 강연회 중에서 'TTA, 소프트웨어 테스트 전문가를 말하다(정보 통신 전문가)'가 가장 의미 있는 특강이었고, 이 강의가 통해 소프트웨어 테스트 전문가에 대한 이해와 자신의 진로에 확신을 가지게 된 계기였다고 했습니다. 이처럼 다양한 강의 및 강연을 통해서도 진로가 명확해지는 경우가 있습니다. 이후 강연을 통해 지식을 심화하고 확장하는 학업 의지와 탐구 의지가 보이는 등 매우 적극적인 학생이었습니다.

독서활동은 다양한 장르의 책을 읽었으며, 특히 학업 및 진로, 가치관과 연관 지어 독서를 했습니다. 『상상하지 말라』(송길영)는 책에서 선부른 상상은 선입견과 편견이 될 수 있으니 상상하지 말고, 정확한 데이터 분석을 통해 그 대상을 이해해야 한다고 느꼈다고 합니다. 이는 빅데이터 분석 전문가가 되고 싶은데, 확신을 준 책이었다고 합니다.

또한 평소 수학 문제 풀기를 좋아하고, 특히 확률과 통계 시간에 통계 단원을 배우면서 관련 도서인 대럴 허프의『새빨간 거짓말, 통계』를 읽으며, 데이터 분석이 얼마나 중요한지 알게 되었다고 합니다. 이 학생은 다양한 독서를 통해 자신의 진로를 명확히 한 학생이었죠. 학업과 진로를 연계한 책읽기가 다른 학생과 구분되는 독서 방법이었습니다.

이 학생의 생활기록부를 보면, 매 학기마다 수학경시대회에 참가했고, 1년 동안 토요심화실험실과 이공캠프, 과학탐구보고서대회, 교내 특강들을 열심히 이수하여 심화활동 우수상을 받았습니다. 방과 후 학교도 빠짐없이 수강했죠. 수상을 떠나 학교의 각종 대회에 꾸준히 참가했습니다. 3년 동안 많은 대회와 강연 프로그램에 참여했고 과제탐구를 준비하면서 PPT 작성, 발표력, 토론 능력도 향상되며 다재다능한 학생의 모습으로 성장했습니다.

학종으로 지원할 때 여러 선생님들이 내신은 약간 부족할지라도 풍부한 활동과 다양한 경험들로 충분히 합격할 거라고 격려했죠. 기대에 부응해 고려대에 학종으로 합격했습니다. 3년 동안 꾸준히 역량을 키워온 결실이라고 할 수 있습니다.

in 서울, 이렇게 간다

서울의 고등학교에 근무하면서 입시 상담을 할 때 가장 많이 듣는 말이 있습니다. "'in 서울' 대학만 가면 된다"입니다. 학생과 학부모가 생각하는 in 서울이 어디까지인지는 좀 고민이 되지만, 어쨌든 서울 내 또는 인접 대학에 대해서는 모두가 환상을 가지고 있습니다. 또한 이는 학생과 학부모의 일종의 심리적 마지노선이기도 하죠.

in 서울 대학이라는 표현은 1990년대 후반부터 본격적으로 사용되었던 것 같습니다. 함께 유행했던 말들도 있었습니다. 서울약대(서울에서 약간 떨어진 대학), 서울법대(서울에서 제법 떨어진 대학), 서울상대(서울에서 상당히 떨어진 대학) 등이 그것입니다. 원래의 의미마저 삼켜버릴 정도이니 in 서울이 그만큼 중요한가 봅니다. 결국 우리 사회의 서울 중심주의가 드러나는 용어이기도 합니다. 실제로 이 시기를 즈음해서 서울 지역 대학에 대한 학생 및 학부모의 선호가 급격히 높아졌습니니다. 급기야는 서울에 있는 대학들의 합격 성적이 전반적으로 급상승하여 현재의 수준을 이루게 되었고, 반대로 지방 소재 대학들의 합격 성적과 지명도는 현저히 떨어졌습니다.

경제적 문제 등을 감안해 지방거점국립대에 지원하던 추세도 바뀌었습니다. 이제는 적극적으로 서울에 '있는' 대학을 지원하는 현상이 뚜렷해졌죠. 이런 상황에서 in 서울 대학들은 갈수록 합격선이 높아지고 있습니다. 사실 in 서울 대학 사이에도 편차가 크기만, 핵심은 많은 수험생이 원한다는 것이죠. in 서울 대학을 원한다면 그중에서도 어느 곳에 진학할지를 고민해야 합니다. 막연히 in 서울을 생각한다면 그마저도 요원할 수 있다는 것이 현실입니다.

in 서울, 조금 더 넓게 보면 등하교가 가능한 서울 근교 대학 진학을 고민할 때 가장 중요한 것은 개별 학생의 역량입니다. 소위 말하는 상위권 대학을 제외한 in 서울 대학이더라도 역량에 대한 평가를 치러야 한다는 점은 동일합니다. 즉 우수함에 대한 기준이 선명하게 존재한다는 것이죠. 대학 나름의 우수 기준에 부합하는 역량을 고교 생활을 통해 증명하는 것이 관건입니다. 그것을 증명할 방법을 이 책을 통해 전하고자 했습니다. 즉 자신만의 스토리를 만들어야 합니다.

이제 본격적으로 in 서울 대학 진학을 위한 준비들을 살펴보도록 하겠습니다.

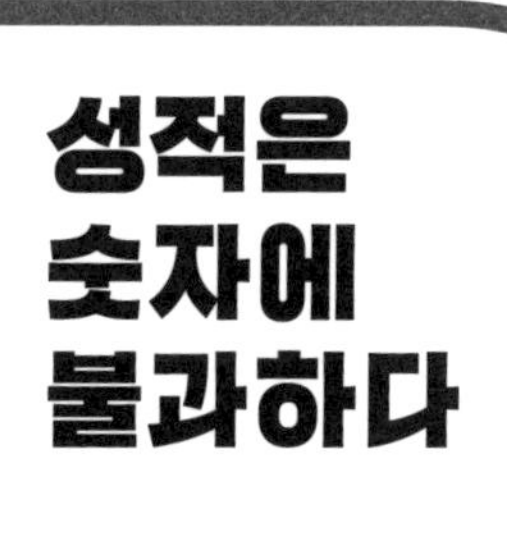

성적은 숫자에 불과하다

"제가 2학년까지 종합 성적이 6등급인데, 수시에서 학생부 종합 전형으로 진학할 수 있을까요?" 학생들과 상담하다 보면 이런 질문을 많이 듣습니다. 그만큼 불안한 것이죠.

그런데 학생부 종합 전형을 지원하는 학생이라면 '몇 등급인데 합격이 가능한가요?'라는 질문은 잘못되었음을 알아야 합니다. 학생부 교과전형도 아닌데, 1, 2등급처럼 성적이 좋으면 모두 합격하고 3등급 이하면 합격에서 더 멀어질까요?

지금 소개할 학생도 2학년 때까지 종합 성적이 6등급이었습니다. 로봇에 관심이 많아 로봇공학과, 기계공학과, 전기전자공학부, 컴퓨터학부에 진학하기를 희망했죠. 수학은 전체적으로 5등급, 과학 과목도 평균 5등급을 유지하고 있었습니다.

성적은 만족하지 못하지만, 그래도 로봇동아리활동을 하면서 자신의 관심 분야에 대해 활동하며 재미있게 생활하고 있었습니다. 그런데 이 친구 주변에서는 "로봇동아리활동을 열심히 하면 뭐하니? 성적이 뒷받침되지 않는데, 말짱 헛수고야! 대학에 진학하지 못하면 하고 싶은 것도 못하게 돼" 같은 말을 했습니다. 친구들뿐 아니라 부모님도 이렇게 이야기 하니 학생이 매우 혼란스러운 것도 당연한 일이죠.

'누가 공부를 못하고 싶어서 못하나? 한다고 하는데…….' 이 친구 입장에서는 얼마나 답답하겠습니까. 이 글을 읽으며 맞는다고 맞장구 치거나 함께 답답해하는 친구도 있을 것입니다.

이제 이 친구가 어떻게 극복해서 대학에 합격했는지 이야기해보겠습니다.

이 학생도 잘 알고 있습니다. 학업역량이 중요하다는 것을. 그러나 쉽게 오르지 않는 것이 성적입니다.

우선 한 번에 알아듣지 못하면, 반복해서 학습하겠다는 의지로 방과 후 학교에서 수학, 물리, 영어 과목을 신청해서 듣기 시작했습니다. 그리고 모르는 것이 있으면 선생님을 찾아가 계속 질문했습니다.

교과 수업뿐 아니라 방과 후 수업까지 선생님을 쫓아 수업을 듣고, 질문을 많이 하면 선생님이 모를 수가 없습니다.

'아 또 왔구나?'

선생님도 전교생을 대상으로 수업을 하다 보면 학생 한 명 한 명을 기억하기가 쉽지 않죠.

선생님과 억지로 친해진 것이 아니라 질문과 방과 후 수업을 통해 자연스럽게 친해지게 됩니다.

이 학생은 로봇에 관심이 있다 보니, 다양한 센서를 다룰 줄 알았고, 저항 읽기, 회로에서 다른 친구들보다 단원에 대한 이해도가 높았습니다. 전자기학 관련 질문을 받은 선생님 역시 학생의 질문의 수준이 높아 당황하기도 했죠.

학생의 질문을 받아주던 선생님도 학생이 물리 전 단원에 대한 이해도가 높지는 않지만, 전자기학 단원과 힘 단원에서는 다른 학생들보다 성취도가 높은 것을 알 수 있었죠. 바로 이런 내용을 생활기록부 교과세부능력 및 특기사항에 기록해주었습니다.

영어 선생님의 경우에는 학생이 계속 공학 분야의 전문적인 단어가 들어 있는 문장에 대한 질문을 많이 하자 학생과 이야기를 나누다, 학생이 로봇과 관련한 외국 학술자료를 읽고 그에 대한 이해도를 보이자 생활기록부에 기록해주었습니다. 시험을 통한 학생의 내신성적 숫자만으로 학생의 영어 실력을 낫다고 평가하기 어렵다는 내용이었습니다.

수학의 경우는 자연계에서 가장 중요한 과목이기도 하고, 3학년 마지막 1학기 수학 성적만큼은 조금이라도 향상해보겠다는 의지로 좀 더 많은 시간을 투자하고 복습을 철저히 해서 3등급까지 향상되었습니다. 수학 선생님도 이 학생이 수학 성적을 향상시키기 위해 얼마나 노력했는지에 대해 생활기록부에 기록해주었습니다.

열심히 했다고 성적이 반드시 오르는 것은 아니지만, 성적 향상을 위해 어떤 노력을 했는지는 매우 중요한 것 같습니다.

이 친구가 학업역량을 높이기 위해 선택한 방법은 선생님들과 가까워지는 거였습니다. 질문을 통해 모르는 것을 알게 되었고, 자신이 어떤 학생인지 선생님들에게 적극적으로 알리는 계기가 되었습니다.

그리고 로봇동아리활동을 3년 동안 진행하면서, 정말 재미있게 활동했습니다. 이 학생은 사람의 움직임을 모방한 이족 보행 로봇에 관심이 많았고 다윈의 진화론 중 자연선택설 부분을 활용해 유전 알고리즘을 구성하였고, 스스로 보행법을 학습하는 로봇을 구상하여 제작까지 성공했습니다. 관절 마디마디를 직접 3D로 설계하였고, 100% 핸드메이드로 제작했습니다. 이 과정을 '인간의 보행 발전의 진화론적 탐구를 통한 현생 인류의 인체 역학적 보행과 공학적 구현에 관한 연구'라는 주제로 보고서를 작성해서 교내 이공계 학술대회에서 1등을 받았습니다.

선생님도 이 친구의 활동을 지켜보면서, 자신의 관심 분야와 교과에서 학습한 내용을 접목하여 구상에서 그치지 않고 실제 제작까지 진행하는 모습을 보며, 나름 부럽다는 생각도 했죠.

그뿐만 아니라 동아리에서 부원들이 만든 로봇을 어린 학생들에게 체험해볼 수 있도록 체험부스를 기획하고 지역의 다양한 과학축전에 지원하여 지식 나눔 봉사를 진행했습니다.

선생님이 지켜볼 때 정말 재미있게 학교생활을 한 학생 중 한 명입니다. 이러한 활동을 바탕으로 학생부 종합전형에 지원했습니다. 학생이 지원한 대학은 건국대 전기전자공학부, 국민대 융합전자공학전공, 동국대 전자전기공학부, 광운대 전자공학과였습니다.

먼저 국민대 합격자 발표가 나던 날 함께 지원한 친구들은 합격 소식을 받았지만 이 학생은 불합격 통보를 받았습니다. 이후 동국대, 광운대도 연속으로 불합격이었습니다.

건국대 합격자 발표만 남긴 상황에서 학생은 매우 불안했죠. 사실 저도 조금은 불안했습니다. 그래도 학생의 이러한 활동과 노력이라면 충분히 학생부 종합 전형에서 좋은 결과가 나오지 않을까 내심 기대를 했습니다.

그런데 역시 건국대에서 이 친구의 숨은 역량을 발견했나 봅니다. 지금은 건국대학교 전기전자공학부에서 자신이 하고 싶은 공부를 맘껏 하고 있습니다. 내신성적의 숫자에 현혹되어 먼저 합격, 불합격을 결정하지 말고, 정말 최선을 다해 능동적으로 학교생활을 한다며 대학도 여러분의 숨은 역량을 알아볼 것입니다.

이번에 소개할 학생은 미디어 관련 방향으로 진로를 정하고 방송반 활동을 열심히 하면서 학교생활을 즐겼습니다. 항상 웃는 인상의 학생이었죠.

2학년 때 만나서 상담을 했습니다. "쌤! 학생부 종합 전형은 누가 준비하나요? 전 학종 준비할 수 있을까요? 전 내신도 좋지 않고, 그렇다고 비교과도 많이 채우지 못했는데요?"

자신감이 많이 결여된 질문이었습니다. 처음에 기 안 죽이고 다양한 가능성을 두고 긍정적인 마인드를 가지고 자신감도 갖출 수 있도록 상담을 했습니다. 내신이 4점대라 인서울은 힘들다는 말은 처음부터 하지 않았죠.

"넌 내신이 1학년 때 4점대 중반이라 2학년 때는 4점대 초반으로 올리고 3학년 1학기말까지 3점대로 끌어올리는 데 노력해. 그럼 쌤이 이대 보낸 남자가 되는 거지? 지금처럼 늘 긍정의 마인드로 최선을 다하는 학교생활이 되면 좋은 결과가 나올 거야. 그리고 학교프로그램에 충실히 참여하고 동아리활동에도 적극적으로 참여하면 결국 3학년 때, 학생부 종합 전형을 준비하는 데 유리할 거야! 그러면 네가 원하는 대학에 갈 수 있어."

이 학생에게 찾을 수 있는 일반적인 학종 평가요소에서 유리한 내용은 없었습니다. 하나를 찾는다면 열정이었죠. 내신도 우수하지 않은데 열정만으로 대학을 간다?

1학년 때 방송반에 들어가서 방송장비 설치, 안내방송, 음악방송을 담당했습니다. 처음에는 아무것도 몰라 기계와 전쟁을 하면서 카메라 촬영 방법 등에 대해 스스로 공부했죠. 장비 하나하나에 대한 이론적 공부를 바탕으로 선배들에게 물으며 작동법을 익혀나갔습니다. 다루기 쉽지 않은 방송장비를 부원 중 가장 빨리 익힌 학생이었습니다. 교내대회에도 적극적으로 참여하여 동아리경진대회, 창체동아리 부문 등에서 공동 입상하였고, 학교에서 개최하는 다양한 특강에도 참가하여, 소감문도 작성하고 발표도 하는 등 적극적으로 활동했습니다.

2학년 때는 동아리에서 주도적으로 활동하면서 후배들에게도 리더십을 발휘했습니다. 방송장비에 대해 후배들에게 자신이 겪은 시행착오를 범하지 않도록 도움을 주었습니다. 다양한 방송 프로그램을 기획하면서 동아리 부원들을 잘 이끌었죠.

봉사활동에도 자신이 직접 지역사회 기관을 찾아서 적극적으로 참여하였습니다. 부모님이나 선생님께 의존하지 않고 친구들과 함께 주변 공공기관을 찾아가 진로와 관련된 봉사를 찾아 탐문하고, 기획도 하여 홍보영상을 만들기도 하고, 방송을 통한 캠페인 활동 등을 했습니다. 봉사활동으로 서울시립성동청소년수련관에서 청소년 홍보 캠페인을 기획하고 직접 금연 캠페인 영상을 만들어 홍보하는 활동을 했고 그 내용이 매우 우수해서 교내 금연교육시간에 전교생에게 방송될 정도였죠. 이 학생은 1학년 때부터 자신의 진로를 정하고 연관된 봉사와 동아리활동을 통해 진로를 찾아가는 학생이었습니다. 독서는 3년 동안 10여 권을 읽었는데, 전공과 연계한 독서활동은 보이지 않는 평범한 독서이력입니다.

이 학생은 다른 학생들보다 교과 성적이 우수하지도 않고, 독서활동이나 수상실적이 많은 것도 아닌 그야말로 평범한 학생이었죠.

이 학생의 학생부 종합 전형 준비의 최대 무기는 열정과 적극적인 성격이었습니다. 그리고 무엇보다 1학년 때부터 방송 분야에서 일하겠다는 진로와 진학의 꿈이 대학입시를 준비하는 데 가장 큰 역할을 했다고 볼 수 있습니다. 내신성적이 부족하다고, 독서량이 적다고, 전공과 연계한 특강이나 과제발표 등이 부족하다고 기죽을 필요가 없습니다. 진로를 정하고 꿈을 이루기 위해 주어진 여건에서 학교생활에 충실한 사람은 학교활동우수자전형 등의 학종이 기다립니다.

그래서 이 학생은 어느 대학에 갔을까요? 서울여대, 성신여대, 숭실대에 최종 합격했습니다!

6장

코로나 시대 공부법

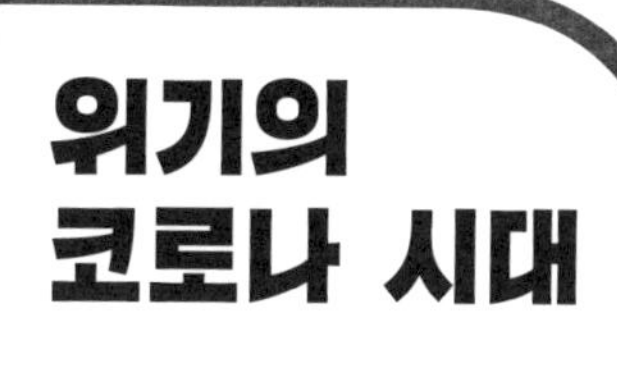

코로나19라는 재앙을 맞이하면서 교육 영역에서도 이전에 경험하지 못했던 일들을 경험하고 있습니다. 온라인 수업이라는 낯선 환경에서의 새로운 시도들에 잘 적응한 교사와 학생이 있는 반면, 제대로 적응하지 못하는 교사와 학생도 많습니다. '코로나 시대의 공부법'의 핵심은 결국 혼란스러운 상황에서도 자신의 공부를 이어갈 수 있는 '자기주도학습 역량'입니다. 침대에 달라붙어 있거나 소파와 한 몸이 되어가는 학생들을 보면서 자기주도학습은 먼 다른 세상의 이야기인 것 같다는 생각도 부모님은 했을 것입니다.

그동안 등교할 때는 막연히 '열심히' 공부하리라고 생각했는데, 집에 있는 학생을 보니 전혀 공부를 하지 않는다는 사실을 알게 되고, 그것이 엄청난 스트레스가 되고 있는 것이 현실입니다. 코로나19로 바뀐 상황은 자기주도학습 역량을 가지지 못한 학생들에게는 지나치게 가혹한 재앙으로 자리 잡고 있습니다.

현재 가장 심각한 상태에 직면한 학생들은 2022학년도 수능을 치러야 하는 학생들입니다. 코로나19로, 온라인 수업으로, 이런저런 활동의 축소로 입시 준비가 어려워지고 있습니다. 채워지지 못한 학생부와 생각보다 해결이 어렵게 된 내신의 문제를 안고 있는 수험생들이 가져야 할 자세는 자기주도학습입니다.

가장 중요한 이유는 당연히 **'생활 패턴'의 붕괴**입니다. 학생들은 코로나19 상황에서 대체로 격주 등교, 혹은 홀짝 등교 같은 다소 생소한 방법으로 지내고 있습니다. 아무래도 집중이 어려운 환경이 되었습니다. 생활이 지속적으로 변화하기 때문이죠. 단순히 생각해도 온라인 1주, 오프라인 1주를 진행해야 하는 상황이니 적응이 쉽지 않습니다.

학교에서 진행하던 활동들이 대부분 중지되고 학습의 방향이나, 활동의 방향성을 잃어 혼란이 가중되는 상황이기도 하고요, 고3의 경우와 다르게 아직 입시라는 지향점이 선명하지 않은 상태이다 보니 학습이 효율적으로 이뤄지기도 어렵습니다. 다만 주목할 부분은 상위권 학생들은 여전히 자신의 습관을 유지한다는 점입니다. 위기를 경험하는 것은 중하위권의 학생들입니다. 그러다 보니 학습량의 차이는 점점 더 커지고 있고, 성적의 양극화가 심화되고 있습니다.

교사의 경우

전대미문의 상황에서 선생님들도 아주 고통스러운 환경에 직면해 있습니다. 실시간 수업이 이뤄지는 학교가 그리 많지 않고, 대체로 EBS 온라인 클래스 등을 활용한 수업이 진행되고 있습니다. 그래서 자신이 가르치지 않은 내용을 출제해야 한다는 부담감이 있습니다. 대체로 선생님들은 학생들이 듣는 강의를 같이 듣고 중간고사를 출제했습니다. 온라인 수업이 언제까지 이어질지는 모르지만 제법 길어질 수 있습니다. 다른 위기 상황이 올 수 있다는 전문가의 진단도 많이 들립니다.

언제 어떻게 온라인 수업으로 전환될지 모르는 상황에서 수업은 계속 진행되고, 중간고사와 기말고사도 예정대로 진행되고 있습니다. 그만큼 학생의 어려움은 커지고 있죠.

그래서 시험 준비를 위한 핵심 팁을 하나 알려주고자 합니다. 현재의 등교 패턴을 감안할 때, 등교 수업이 이뤄지는 주간 동안 시험 문제와 관련된 알짜배기 내용들이 다뤄질 수밖에 없습니다. 다른 선생님이 가르친 것을 시험 문제에 내기보다는 자신이 가르친 것을 출제하는 편이 부담이 덜하기 때문이죠. 그러니 내신성적 향상을 위해서는 등교 수업에 대한 집중도를 최대한으로 올리려는 자세가 필요합니다.

여기에는 한 가지 더 중요한 이유가 있습니다. 학생을 그리 오래 보지 못하는 상황에서 교사는 전체 학생을 대상으로 학기별로 '과목별 세부능력 및 특기사항'을 작성해야 합니다. 보다 수업에 적극적으로 집중하는 학생에게 더 의미 있는 평가를 할 수밖에 없죠. 특히 이 부분이 중요합니다. 어떤 전략을 가지고 어떤 계획을 세우는지가 핵심이 됩니다. 더욱 강조하고 싶은 부분은 '상황은 전국의 모든 고등학생이 동일하다'는 점입니다.

코로나19를 같이 경험하고 있지만, 그를 통한 '성장치'는 학생마다 다를 수밖에 없다는 점을 기억해야 합니다. 누군가는 이 상황에서 더 크게 성장하고, 위기 상황에서 자신만의 탈출구를 만들고 있다는 점, 그것이 바로 자기주도학습 역량입니다.

고1,2학년은 조금 색다른 계획이 필요합니다. '온라인' 상황에 맞는 장기 학습 계획을 준비해야 합니다. 단순히 온라인 강의를 듣는 것만으로는 부족하기 때문에 규칙적인 생활을 통해 '습관'을 형성하는 것을 목표로 해야 합니다. 이때 좋은 방법이 바로 친구와의 '학습 계획과 실천 공유'입니다.

코로나 이전 상황에서는 대체로 학습 시간을 기록하고 공유하면서 체크했다면, 지금은 코로나 상황을 통해 발전된 온라인 학습 툴을 최대로 활용해 '계획과 실천'을 공유할 수 있겠죠. 현재 온라인에서 학생들이 많이 사용하는 방법이기도 합니다. 이를 보다 계획적으로 실천할 수 있는 방법은 학교에서 진행하는 것입니다. 학교에 건의하는 것만으로 생각보다 쉽게 만들 수 있습니다. 학교 프로그램으로 만들면 학생부에 기록할 수 있기 때문에 1석 2조 혹은 1석 3, 4조의 효과를 볼 수 있습니다. 상황의 어려움만 탓하다 끝나는 것이 아니라, 어려움을 해결하는 방향을 설정하는 것이 진정한 자기주도학습 역량입니다.

제가 학교에서 진행하고 있는 온라인 자기주도학습 프로그램 '온-스쿨'을 예로 들어볼게요. zoom 같은 실시간 화상회의 프로그램을 활용하여 정해진 시간 동안 공부하는 모든 화면을 '실시간 공유'하는 형태입니다. 5시간 동안 자신이 공부하는 모습을 온전히 화면에 담는 것, 생각보다는 매우 단순하죠. 하지만 효과는 매우 큽니다. 오후 18시부터 23시까지 진행되는 온라인 자기주도학습은 학생들의 역량을 지속적으로 강화하고 있으며, 자극을 받는 학생들이 계속 증가하고 있습니다.

스스로에게 '강제'를 부여하는 방식으로 공부에 참여하게 만드는 것이죠. 더불어 서로가 서로에게 공부 멘토가 되어줍니다. 이를 보다 활성화하기 위해서는 제가 학교에서 하는 것처럼 '졸업생 멘토'를 활용할 수 있습니다. 효율성이 매우 높아집니다. 보다 의미 있는 프로그램을 만들기 위해서는 프로그램에 참여하는 학생들에게 특정 주제에 대한 독서를 유도하고, 관련된 탐구를 진행하게 하면 최고의 성과를 낼 수 있습니다.

코로나로 공부에 더 집중하게 되었다는 학생들이 늘고 있는 상황이고, 프로그램을 신청하는 학생도 꾸준히 증가하고 있습니다. 이를 통해 학생들은 성장을 이루고 있습니다. 누가 시켜서가 아니라, 자신이 선택하고 그 선택을 이어가기 위해 다른 학생의 '노력'을 보는 것이 중요합니다. 스스로를 담금질할 수 있는 최고의 시간이 될 수 있습니다.

중학생의 경우

중학생의 경우에는 더 원론적인 접근이 필요합니다. 공부 혹은 입시라고 하는 것인 완전 딴 세상 이야기로 들릴 테니까요. 학부모님의 속은 엄청 타겠지만, 정작 학생은 너무나 느긋한 게 현실입니다. 중학생은 방학을 통해 공부의 방향과 목적을 찾는 과정이 제일 중요하다고 생각합니다.

그 과정에서 가장 중요한 전략 중 하나가 독서입니다. 문제는 우리나라에서 독서라는 활동이 지나치게 과대포장된 활동이라는 것입니다. 그러다 보니 자꾸 대학 추천 도서 같은 책들을 중학생에게 권하는데, 공부에 대한 흥미만 떨어뜨립니다. 절대 권하지 마세요. 그냥 자신이 궁금한 것을 풀어가는 과정을 보여주는 것이 중요합니다. 지금의 중학생은 초등학교 때 '학습 만화'에 길들여진 학생들입니다. 자신이 가진 의문을 고민하기보다 만화를 통해 강제로 해결을 '당한' 학생들이죠. 심지어 별로 안 궁금한 것도 부모에 의해 강제로 학습한 아이들이죠. 그러니 공부도 독서도 수동적이 됩니다. 절대적으로 공부와 담을 쌓게 되는 이유입니다.

사실 고등학교에 진학하고 성적이 오르는 학생의 공통점은 자기주도성이 강하다는 것입니다. 그러니 이 시기에 코로나 핑계를 대고 조금은 자기주도적 학생이 될 수 있도록 길을 열어주세요.

학생이 궁금한 것을 가족이 공유하고, 해답을 찾도록 해주세요. 한 가지 좋은 팁을 드리자면, **일주일에 한 번 가족들이 반드시 지켜야 하는 독서 시간을 두 시간 정도 정하세요.** 대체로 일요일 저녁이 되더라고요. 같은 책을 돌아가면서 소리 내서 읽고, 그 책에 대한 이야기를 함께 나눈다면 어마어마하게 성장할 것입니다. 사실 그 자리에 앉히기까지가 엄청 힘들겠지만, 도전에 만족하는 멋진 결과를 만들 수 있습니다.

특히 '반드시 지켜야 할 무엇'이 없어 방황하는 학생이 많습니다. 사회적 분위기도, 가족에서의 분위기도 그런 면이 좀 강해지고 있어서 갈수록 컨트롤이 힘들어지죠. 이때 가족이 동의할 수 있는 하나의 기준을 정하고(여러 가지를 만들기 시작하면 시작부터 실패합니다), 철저히 지키기 위해 노력하는 부모님들의 모습을 보여주세요. 성공의 출발점이 됩니다.

온라인 수업의 한계와 기회

코로나 시대의 온라인 수업이라는 한계는 사실 명확합니다. 실제 실시간으로 수업을 진행해보면 참여하지 않는 학생들이 생깁니다. 전화하면 대체로 '늦잠'으로 못 들어온 경우가 많습니다. 부모님 마음은 오죽할까요. 누구에게는 정말 좋은 교육의 기회가 되지만, 상당수의 학생은 말할 수 없이 지루한 과정입니다. 이 부분은 냉정히 말씀드릴 필요가 있습니다.

왜 공부를 안 할까요? 가장 본질적인 질문이죠. 도대체 왜 안 할까요? 대체로 정답은 목표가 없기 때문입니다. 이렇게 말씀드리면 백이면 백의 학부모님들이 "그러게요. 제 아들은, 제 딸은 꿈이 없어요"라고 말합니다. 그러고는 학생들에게 꿈을 가지라고 강요합니다. 그런다고 꿈이 생길까요? 다음 질문은 "어떻게 하면 꿈을 가질 수 있나요?"입니다. 답은 매우 간단합니다. 대화를 해보시면 됩니다.

부모님들은 대체로 대화를 하지 않고 화를 내시죠. 그러니 다음 단계로 넘어가기가 힘듭니다. **'오늘'을 사는 중고등 학생에게 부모님이 생각하는 '미래'를 말하는 것 자체가 대화를 하지 말자는 이야기가 됩니다.** 그러니 일단 대화하는 방법을 고민해야 합니다. 온라인 수업 상황에서의 가장 효율적인 공부 방법은 '자녀와의 대화 방법을 공부'하는 것에서 출발합니다. 굳이 이야기한다면 '화를 내지 않고 자녀와 대화하기' 같은 과제를 드리고 싶네요. 성공하면 학생은 공부에 한 걸음 더 다가갑니다. 코로나19 상황에서 '가족이 공유하는 시간의 증가'는 정말 좋은 기회입니다. "공부해라"라는 말을 빼고 대화를 시도해보세요.

예를 보여드릴게요. 남학생 자녀를 둔 학부모님들은 '게임' 문제 때문에 많이 힘들어합니다. 해결 방법을 알려드릴게요. 게임 그만하라는 말은 이미 통하지 않습니다. 그 말을 하는 순간 싸움이 시작됩니다. 그러니 방법을 바꿔보죠. 아버님이 같이 게임을 해보세요. 지금 상황에서 딱 좋은 기회입니다. 처음에는 어색하겠지만, 게임에 대해 궁금한 것들을 자꾸 물어보세요. 캐릭터의 성장 배경도 좋고, 게임의 세계관도 좋습니다. 게임 관련 질문을 던지다 보면 그 속에서 학생은 자연스레 자신의 길을 찾을 수 있습니다. 그 상황을 만드는 내비게이터로 아버님이 역할을 하는 거죠.

현대사회에서 게임은 이미 거대한 산업입니다. 그러니 내 아들이 게임 산업 속에서 자신의 자리를 찾아갈 수 있도록 만들면 됩니다. 때로는 프로그래머로, 스토리 작가로, 게임 그래픽 아티스트로, 마케팅 디렉터로……. 길은 무궁무진합니다. 우리가 게임 자체를 악으로 규

정지으니까 그다음 이야기를 진행할 수 없죠.

여학생들은 대체로 '오빠'들에게 열광합니다. 팬심이 과할 때가 많죠. 이때도 접근 방법은 유사합니다. 내 딸이 좋아하는 것을 '악'으로 규정짓지 말고 같이 좋아해주세요. 그리고 질문을 던지는 겁니다. "와, 이 아이돌 그룹은 왜 이렇게 갑자기 뜬 거지?" 이런 질문을 통해 무언가를 찾아보게 하는 거죠. 그럼 엄청난 대답들이 나옵니다. 아이돌 산업도 엄청난 산업이잖아요.

그 속에서 자신이 하고픈 일을 찾아갈 이정표를 만들어줄 수 있습니다. 무대 디렉터, 음향 디렉터, 마케팅 디렉터 등 '오빠'들과의 접점을 많이 가질 수 있는 길을 보여주고, 그 길을 향해 갈 수 있도록 서포트해주면 됩니다. 지금 그 자리에 있는 사람들이 어떤 과정을 거쳐서 도착했는지 같이 찾아보는 과정도 좋습니다. 이후에 공부는 알아서 하게 됩니다. 하고 싶은 일 하나를 하기 위해 하기 싫은 일 아홉 가지를 해야 한다는 것을 학생들은 잘 모릅니다. 그러니 알게 해주면 됩니다.

공부는 하기 싫은 대표적인 일이지만 네가 원하는 것을 하기 위해서는 반드시 거쳐야 하는 과정이라는 점을 **부모님이 '알려주지 말고' 스스로 '알아가고 터득할 수 있도록' 질문을 던지는 역할**을 하면 좋습니다.

결국 입시에서 성공하는 학생은 '궁금한 것'을 가진 학생입니다. 초중등 학생들에게 최고의 공부는 '궁금한 것'을 찾는 과정이 되겠죠. 퇴근하고 집에 와서 "얼마나 공부했니?"가 첫 질문이 된다면, 아이가 느끼는 공부에 대한 감정은 바르게 형성되기 어렵습니다. 그러니 같이 궁금한 것을 찾고, 조금 더 확장된 의문을 제시해주세요. 그런 과정의 반복을 통해 아이는 자신의 호기심이 정당하다고 인지하게 되고, 그 호기심을 해결하기 위해 노력하고 그 과정에서 발생하는 어려움 혹은 힘듦을 받아들이게 됩니다. 대학이 원하는 최고의 인재상이죠. 부모가 할 수 있는 자녀를 위한 최고의 투자이기도 합니다. **이 시대 최고의 공부법**이기도 하고요.

중학생은 이런 과정을 통해서 재수, 삼수 없이 원하는 대학을 학종으로 진학하게 됩니다. 지금까지의 상황만 놓고 보면, 초등 5학년부터 고교 학점제가 시작됩니다. 이른바 논술형 수능도 시작되죠. 이런 과정을 통해서 학생은 교육과정의 변화 혹은 입시의 변화와 상관없이 우수한 역량을 갖춘 학생으로 성장합니다.

공부하는 학생의 전성기

코로나 시대에 맞는 공부법이 따로 존재하지는 않습니다. 다만 코로나 시대는 '공부하는 학생의 전성기'가 될 확률이 높습니다. 이전에는 자기주도학습을 하는 학생과 수동적인 학생의 차이가 크지 않았습니다. 시험 결과가 아니고서는 차이점이 드러날 기회가 없었죠. 하지만 코로나가 이 부분을 명확히 보여주고 있습니다. 하나의 위기는 반드시 하나의 기회와 맞닿습니다. 모든 학생들의 위기라고 인식하는 이때에 특별한 기회를 의미하는 '카이로스'가 존재하는 것이죠.

방법적인 면에서는 무수히 많은 방법이 있습니다. 하지만 역시나 중요한 것은 공부할 의지의 문제겠죠. 그 의지를 위해 다양한 방법을 앞서 소개했으니, 실질적인 방법도 소개하겠습니다.

공부는 결국 자기 것일 때 효과를 발휘합니다. 즉 많이 듣는다고 해결되지 않죠. 지금 학생들은 너무 많이 '듣고' 있습니다. 코로나 시대의 핵심 공부법은 결국 지식과 사고방식을 자신의 것으로 만드는 데 있습니다. 이를 위해서는 예습이 아니라 복습이 훨씬 중요합니다. **예습은 30분, 수업은 1시간, 복습은 2시간이 가장 좋은 패턴**이 됩니다.

교사의 이야기를 자신이 말할 수 있다면 성적은 당연히 상승합니다. 중학생 때부터 선행 학습에 길들여진 학생은 미적분을 몇 번 돌렸다, 확통을 몇 번 봤다라고 말합니다. 하지만 그 학생이 제대로 이해했느냐 하면 절대로 그렇지 않습니다. 그건 그냥 들은 것이니까요. 자신의 지식으로, 자신의 개념으로 만드는 과정이 반드시 필요한데, 지금 학생들은 그 과정을 생략합니다. (사실 그 과정이 공부의 핵심이죠.)

그러니 코로나 시대 최고의 공부법은 자신이 공부하는 내용을 계속 궁금해하고 설명하는 것입니다. 이를 위해 학생의 방에 칠판을 두는 것도 좋은 방법이 될 수 있습니다.

고3 수험생이 되는 학생에게는 특별히 더 수험생다운 코로나 시대 공부법이 필요합니다. 생활 패턴만 조절해도 공부 효율을 업그레이드할 수 있습니다. 수능은 8시 40분에 1교시가 시작합니다. 뇌가 잠에서 깨서 정상 수준으로 활동하기까지 대략 2시간 정도가 걸립니다. 그러니 수험생의 기상 시간은 지금부터 반드시 6시 40분 이전이어야 합니다. 개인차가 있겠지만 수면 패턴은 90분 단위가 피곤함을 덜 느끼는 렘수면 상태입니다. 기상시간을 염두에 두고, 수면 시간을 조절하면 최고의 컨디션을 유지할 수 있습니다.

견고한 기상시간은 나머지 모든 시간을 조율할 수 있도록 해줍니다. 더불어 입시전략에 따라 과목 간 공부 시간을 조율해야 합니다. 대체로 성적이 안 나오는 과목은 그 과목을 싫어하기 때문이고, 그러다 보니 해당 과목의 공부 시간이 줄고, 성적은 더 안 나오는 악순환이 반복됩니다. 하지만 수능에서 그런 핑계는 통하지 않습니다. 그러니 자신이 어떤 전략으로 입시를 준비하고 있는지를 명확히 하고, 그 전략에 맞게 포기할 과목과 집중할 과목을 조율해야 합니다.

예를 들어 학종을 주력 전형으로 결정한 학생은 수능최저학력기준을 맞추기 위해 공부를 해야 합니다. 1등급을 받기 위해서가 아니라, 전체 수능최저를 맞추기 위한 공부에 집중할 필요가 있죠. 실제 수능최저학력기준을 충족하지 못해서 입시에 실패하는 사례가 많습니다. 논술의 경우에는 거의 70%가 되니 매우 중요한 전략이 되는 셈입니다.

코로나 시대의 학습은 '주도적으로 현실을 인지할 때' 변화가 생깁니다. 지금 당장의 중간고사, 기말고사 성적에 집착하면 해결 방안이 나올 수 없습니다. 핵심은 더 깊은 생각을 통해 방향을 설정해야 한다는 점입니다. 지속적으로 의문을 던지는 공부, 꼬리에 꼬리는 무는 의문과 그 꼬리를 무는 독서를 할 수 있는 분위기가 중요합니다.

그렇다고 학부모님이 학생에게 "책 좀 읽으라고 말하는 것"은 절대 해결책이 될 수 없습니다. 물론 문제점을 정확하게 인지하지 못하고 "공부 좀 해라" 하고 말하는 것 역시 해결책이 될 수 없습니다.

입시에 전략이 필요하고, 중요하다고 말하는 것은 절반은 사실 '문제점'을 정확하게 인지하라는 말입니다. 문제점이 정확하게 인지되어야 정확한 해결책이 나올 수 있습니다. '대충 학원을 열심히 보내면 해결되겠지'라고 생각하면 전략은 성공하기 어렵습니다.

거의 모든 학생들에게 처음이나 마찬가지인 '코로나 입시'에서 성공하기 위해서 지금 우리에게 필요한 것은 무엇보다도 '질문'입니다.

무엇이 문제인지를 스스로에게 묻는 학부모, 무엇을 알고 싶어해야 하는지 스스로에게 묻는 학생이 필요합니다.

나가는 글

저자 인터뷰 ①

신홍규 선생님

학생들과 눈높이를 맞추고 상호 신뢰를 바탕으로 교실 안팎에서 즐기면서 학생들의 이야기를 듣기 좋아하는 쌤, 신홍규입니다. 뭐니 뭐니 해도 money가 최고이지만 대한민국에서는 대학이 최고입니다. 대학 때문에 고민하는 학생들의 아픔을 누구보다 잘 알기에 함께 대학의 문을 두드리는 일에 최선을 다하고 있습니다.

『학생부 종합전형 핵심전략』은 수백 가지의 난수표 같은 대학입시 전형의 현실을 아빠 찬스도, 엄마 찬스도 아닌 학생 스스로 생각하고 고민하고 해결할 수 있도록 가르쳐주는 전략서입니다. 학교생활에서 즐기며, 취미생활을 하면서 친구와 토의토론하고, 책 읽고 서로 나누며, 같은 꿈을 가진 친구들과 동아리활동을 하면서, 교실에서 자신의 생각을 발표하면서 지내는 학교생활이 대학을 갈 수 있는 가장 훌륭한 방법이라는 사실을 깨닫게 하는 지팡이입니다.

'백문불여일견'입니다. 저는 무엇보다 이 책을 통해 대학입시가 좋은 학원을 다니면서 컨설팅을 받아야만 성공하는 것이 아니라는 사실을 알려주고 싶습니다. 기존의 대학입시 책은 입시 전형의 소개로 구성된 것이 많고, 다양한 형태의 입시 통계를 중심으로 안내하는 책이 많습니다. 이 책은 구체적이고 실질적인 활동 중심의 사례를 소개하여, 어렵고 힘든 대학입시의 시작이 아닌 쉽게 접근할 수 있는 동기를 부여하는 책입니다. 학생부 종합 전형은 성적이 우수하고, 소위 스펙이 뛰어난 학생들의 전유물이라고 오해하는 수험생이 많습니다. 내가 좋아하는 책을 읽고, 내가 좋아하는 동아리활동을 하고, 내가 궁금한 내용을 특강을 통해 알면 됩니다. 거창한 준비가 아닌 학교에서 평소에 활동한 내용을 묶어서 준비하는 것이죠. 그러니 아주 평범한 학생이 도전할 수 있는 학생부 종합 전형 전략입니다. 이 책을 통해 학생부 종합 전형을 '나도 준비할 수 있다'라는 자신감을 가질 수 있길 바랍니다.

'지피지기 백전백승知彼知己 百戰百勝'입니다. 대학입시에서 가장 중요한 것은 대학에서 가장 강조하는 사항들입니다. 대학은 학생의 발전 가능성과 전공적합성, 경험의 다양성, 진로연계 학업역량, 학교생활의 충실도, 학업역량을 강조합니다. 내가 어떤 대학의 어떤 학과를 진학할지, 진로를 결정하면, 학생은 자신의 전공과 연계한 독서와 동아리, 봉사활동 등의 다양한 활동을 합니다. 물론 교과도 열심히 준비해야겠죠? 대학에서 강조하는 요소들을 1학년부터 계획을 세워 준비한다면 자신이 원하는 대학의 문을 열 수 있습니다.

학생부 종합 전형의 평가요소는 학업역량, 전공적합성, 인성, 발전 가능성입니다. 학업역량과 전공적합성은 교과등급, 지원학과 관련 교과등급, 성적 향상도, 세부능력 및 특기사항의 지적 호기심 및 재능(특기), 학습활동 참여도 및 태도를 평가합니다. 인성은 독서 목록(독서의 양)과 느낀 점(독서의 질. 서적, 의지적 측면) 등을 통해 인성과 가치관, 전공에 대한 관심도를 파악 합니다. 자기발전성은 잠재적 능력과 역량을 평가합니다. 학생부 종합 전형의 평가요소를 미리 계획하고 준비하면 충분히 성공할 수 있습니다.

대학입시를 앞둔 수험생에게

여러분 수고가 많습니다. 입시공화국이라는 대한민국에서 대학을 간다는 것은 정말 어려운 일입니다. 하지만 두려워하지 말고 진학할 대학과 학과를 미리 정하고 준비하세요. 학교생활을 즐기면서 충실히 생활하세요. 자신의 꿈을 이루기 위해 계획하고 준비한다면 의미 있고 즐겁습니다. 학생부 종합 전형은 멀리 있지 않습니다. 용기를 가지고 자신감을 가지세요. 한걸음씩 준비하면 반드시 꿈은 이루어집니다. 힘내세요!

수험생을 둔 학부모에게

중2병과 고2병을 지나서 고3병을 앓고 나면 비로소 사람이 됩니다. 그야말로 병으로 일관한 삶이죠. 우리의 자녀들은 입시에 성공하면 효자가 되고, 실패하면 불효자입니다. 사실은 틀린 말입니다. 우리의 자녀는 부모의 사랑을 먹고 자랍니다. 선생님의 격려와 칭찬 속에서 자랍니다. 대학입시에 자유로워지세요. 부모님께서 기다려주면 자녀는 반드시 자신의 길로 정진할 것입니다. 학생이 현재 위치를 깨닫고 진로를 정할 때까지 기다려주면, 반드시 목표를 향해 매진할 것입니다. 공부하라고 잔소리하고 옆에서 지키는 것이 다가 아닙니다. 스스로 학습할 수 있도록 믿고 격려하는 것이 부모의 역할입니다.

교육정책에 바란다

'교육은 백년대계'라 하죠? 그러나 대한민국의 교육은 조변석개朝變夕改입니다. 일관성 있는 교육정책으로 국민의 불안감을 해소시키는 교육정책이 되길 바랍니다. 입시를 지도하는 교사로서, 수험생의 아빠로서 감히 고합니다. 수시로 변하는 대학입시 정책이 입시를 준비하는 학생들에게 불신과 불안감만 줍니다. 3년간이라도 변하지 않는 정책을 바랍니다. 대학입시를 준비하는 수험생과 지도하는 교사, 그리고 학부모가 혼란스럽지 않은 교육정책이 되길 바랍니다.

저자 인터뷰 ②

윤윤구 선생님

입시에 깊은 고민을 가질 수밖에 없는 학부모와 학생을 위해 최고의 전략을 제시하는 입시 큐레이터 윤윤구입니다. 너무나 혼란스러운 입시 상황들, 매번 바뀌는 정책들에 힘드시죠? 어찌 할지를 몰라 학원만 보내는 부모님의 마음을 충분히 이해합니다. 하지만 도전해봄직한 멋진 길이 있다는 것을 아셨으면 합니다. 알면 알수록 더 준비가 되고, 그에 맞는 전략을 세울 수 있습니다. 입시의 본질을 이해한다면 어떤 상황에서도 준비가 가능합니다. 저와 함께 입시를 큐레이팅해보시죠.

『학생부 종합전형 핵심전략』은 대학을 가는 길이 너무나 혼란스러운 상황에서, 그리고 정시가 확대되는 상황에서 '재학생'을 위한 입시 전략을 해결해주기 위한 책입니다. 교육부의 정책이 공교육을 붕괴시키는 방향으로 잡히고 있는 이 시점에서 재학생들이 보다 나은 선택을 할 수 있는 방향이 학생부 종합 전형입니다. 이에 대한 길을 우선적으로 제시할 필요가 있었고, 이것이 이 책을 쓴 가장 큰 이유입니다. 학생부 종합 전형을 제대로 이해해야 제대로 준비할 수 있습니다. 이 책을 통해 그 방법과 전략을 찾을 수 있습니다.

입시에 대한 추상적 이해보다는 '경험'을 통한 실제 실천 방향을 제시하고자 했습니다. 교과세특이 중요하고 이를 어떻게 활용해야 한다는 이야기는 많습니다. 하지만 실제로 교과세특을 작성하는 사람은 교사라는 점을 감안해야 합니다. 즉 학생이 교사가 작성하는 교과세특을 위해 '전략'을 세우고 접근해야 합니다. 그 방향과 사례를 제시한 유일한 책입니다. 실제 학생의 역량을 키우기 위해 현장에서 노력하는 교사들의 이야기, 그렇게 역량을 강화해서 대학에 간 학생들의 이야기를 담았습니다. '이렇게만 하면 대학을 간다'는 것이 아니라, 개별 학생에게 맞는 전략을 짤 수 있는 길을 알려주고자 했습니다.

대학입시를 위해 어떤 전형을 준비하느냐에 따라 다르겠지만, 가장 중요한 것은 '역량'입니다. 대학은 어떤 방법을 사용하든 '우수한' 학생을 뽑기를 원합니다. 결국 대학이 원하는 우수함에 부합하는 역량을 가지는 것이 중요합니다. 그것이 정시 또는 학생부 교과라면 객관식 역량을 키워야 하고, 학생부 종합 전형이라면 개별 대학이 원하는 역량을 학생부를 통해 검증해야 합니다. 결국 입시를 위해서는 개별 학생이 자신의 우수함을 강화하는 것이 가장 중요합니다.

학생부 종합 전형의 핵심은 '자기주도성'에 있습니다. 다만 그것을 어떤 방식으로 풀어낼 것이냐는 학생에 따라 다르게 나타납니다. 자신만의 궁금증을 해결해가는 과정과 문제를 해결하기 위해 노력하는 과정을 보여줄 수 있지만, 결국 그 모든 상황에서 '자기주도성'을 얼마나 보여줄 수 있느냐가 핵심입니다. 자기주도성은 학생의 '지적 호기심'에서 드러나는 경우가 많습니다. 궁금한 것을 그냥 넘어가지 않고 해결하기 위해 노력하는 과정에서 우수함이 드러납니다.

입시를 앞둔 수험생에게

어떤 영역이라도 상관없으니 자신이 관심을 가진 영역을 구체화하고, 적극적으로 그 안에서 자신의 길을 찾아보세요. 학종을 준비하는 학생에게 가장 중요한 것은 '자부심'입니다. 학교활동을 통해, 특정 분야의 '고등학생 전문가'가 되어봅시다. '해당 분야에서 나보다 많이 아는 고등학생은 없다'라는 자부심을 가질 정도로 파고들어 보세요. 그 분야에 필요한 공부의 양을 채우면 내신도 학평도 좋아질 수밖에 없습니다. '무조건 열심히' 하기보다는 '스스로를 설득할 수 있는 열심히'가 필요합니다. 미래를 생각하는 것도 중요하지만 우선은 현재의 목표와 방향으로 자신을 계속 설득하는 고등학생이 되어야 합니다.

수험생을 둔 학부모에게

우리 사회에서 자녀의 대학은 학부모의 자부심이 되기도 합니다. 그래서 더 나은 대학을 보내기 위해 많은 노력을 합니다. 자신보다 나은 자녀를 만드는 것이 자신의 능력이라는 생각이 강하기 때문이죠. 하지만 그런 마음 때문에 자녀가 힘들어한다는 점을 이해해야 합니다. 미래를 강조하고, 직업을 강조해도 학생에게는 와닿지 않습니다. 결국 오늘 하루를 어떻게 의미 있게 보내고 있는지를 함께 점검해야 합니다. 이를 위해 부모도 학생형 부모가 될 필요가 있습니다. 공부에 대한 것만 묻지 말고, 자녀의 관심사를 이야기하는 부모가 되어야 합니다. 자녀의 삶에 관심을 가지는 부모를 둔 학생은 항상 성공합니다.

교육정책에 바란다

거시적 안목에서 보고 준비하는 과정이 생략된 교육정책이 교육을 망치고 있습니다. 앞과 뒤가 맞지 않고, 공교육의 틀을 깨뜨리는 정책을 진행하면서 공교육이 활성화되기를 바라는 것은 어불성설입니다. 무엇이 필요한지, 어떤 방향으로 나아갈 것인지에 대한 비전을 제시하지 못하고, 시류에 흔들리고, 여론에 흔들리는 교육정책이 어떻게 신뢰를 얻을 수 있겠습니까? 교육정책을 결정하는 주체끼리도 합의되지 않은 이야기를 남발하고, 사교육을 유발하는 방향으로 간다면 누가 신뢰하겠습니까? 결국 무너진 교육정책은 학생과 학부모에게 공교육에 대한 신뢰를 접고 '각자도생'하라는 신호만 줄 뿐입니다.

저자 인터뷰 ③

장성민 선생님

화학 교사로서 학생들이 30분 안에 20문제를 빠르고 정확하게 풀 수 있도록 가르치다가 문득 이런 생각이 들었습니다. 문제 하나 맞고 틀림으로써 학생들이 얻는 게 무엇일까? 어떤 역량이 길러질까? 문제풀이 역량?

흔히 우리는 4차 산업혁명을 지나 미래사회에 필요한 인재를 길러야 한다고 합니다. 지금은 인터넷, 유튜브, MOOC 등 다양한 경로를 통해 학생 스스로 지식을 습득할 수 있습니다. 그렇게 얻은 지식을 결합할 수 있는 융합적 사고를 지닌 학생이 우리가 길러야 할 학생입니다. 영재학급, 인재반, 아카데미 프로그램은 학생이 자기주도적으로 학습하고, 우리 주변의 문제를 협력을 통해 해결할 수 있도록 구성했습니다. 이런 활동은 학생부 종합 전형에서도 좋은 결과를 이끌어내고 있습니다. 진로교과는 국어, 수학, 영어, 사회, 과학, 음악, 미술, 체육 등 각 교과들을 연결해주는 플랫폼 교과라고 생각합니다. 이에 '화학'에서 '진로'로 교과목을 변경하여 학생들이 각 교과에서 배운 지식을 융합할 수 있도록 지도하고 있습니다.

『학생부 종합전형 핵심전략』은 어떤 교과 및 비교과 활동을 해야 하는지 막막한 학생에게 도움을 주는 책입니다. 교과에서 배운 지식을 바탕으로 자신의 진로와 연계해 할 수 있는 활동과 실제 학생들을 지도한 사례를 소개하고 있습니다. 내가 생각한 활동을 다른 친구가 이미 하고 있으면, 괜히 '내가 따라하는 것 아닌가'라는 생각에 망설이는 경우가 있습니다. 하지만 이 책은 망설이지 말라고 이야기합니다. '주제는 같아도 표현하는 방식은 모두 다릅니다.' 활동 주제는 같아도 활동 동기 및 활동을 통해 배우는 것은 각기 다릅니다. 이 책을 읽은 학생이라면 이제 망설이지 않고 활동을 시작할 것입니다.

또한 이 책은 학생부 종합 전형에서 활동을 망설이는 학생들에게 '강력한 자극제' 역할을 할 것입니다. '나는 왜 이런 생각을 못했지?', '나도 한번 해봐야겠다', '나는 여기서 이렇게 해야지' 등으로 책에서 소개한 또래 학생들의 활동을 통해 동기 부여를 받을 것입니다. 책에서 소개한 학생들의 활동은 사실 대학 진학을 목적으로 한 것이 아닙니다. 우리 주변의 문제점을 찾고 이를 교과지식으로 해결하는 활동을 소개한 것입니다. 이러한 활동의 진실성이 입시에서도 통했던 것입니다. 이 책을 읽고 나면, 이제 입시만을 바라보던 시점에서 주변의 문제에 관심을 가지는 시점으로 바뀔 것입니다. 그리고 그 문제를 해결하려는 노력과 과정을 통해 역량이 올라갈 것입니다. 다른 입시책들과 차별화된 이 책의 강점입니다.

'대학은 어떤 학생을 원할까요?' 이 문제의 답이 대학입시에서 가장 중요할 것입니다. 대학은 역량을 갖춘 학생을 선발하고 싶어 합니다. '역량'의 사전적 의미는 '어떤 일을 해낼 수 있는 힘'입니다. 단순히 학업 성적의 높고 낮음으로 합격을 결정하는 것이 아니라, 성적이 낮은 학생이라도 성적을 높이기 위해 한 노력을 살펴봅니다. 2021학년도부터는 이러한 노력을 선택 과목을 통해 1차적으로 확인할 수 있습니다. 해당 과목을 선택한 이유가 바로 새로운 지식을 획득하기 위한 자기주도적 태도이기 때문입니다.

2015 개정 교육과정은 여섯 가지의 핵심 역량을 제시하고 있습니다. 자기관리역량, 지식정보처리역량, 창의적 사고 역량, 심리적 감성 역량, 의사소통역량, 공동체 역량입니다. 교육과정 속에서 이 여섯 가지 역량을 기르기 위해 어떤 노력을 했는지가 대학입시(학생부 종합 전형)에서 중요하게 평가됩니다.

학생부 종합 전형의 평가요소는 '학업역량, 인성, 전공적합성, 발전가능성'입니다. 네 가지 모두 중요하다고 볼 수 있습니다. 생활기록부의 자율활동, 진로활동, 동아리활동과 특히 '과목별 세부능력 및 특기사항'을 통해 평가요소에 대한 학생만의 활동 기록이 필요합니다. 이러한 기록은 누가 할까요? 바로 교사가 합니다. 그러나 기록할 내용은 누가 주체가 될까요? 바로 학생 여러분입니다. 학생 개인마다 이러한 평가요소에 대해 '자기주도성'을 교사에게 보여주는 것이 중요합니다. 정해진 과목을 이수하는 것이 아니라, 자신이 직접 선택한 과목을 이수하는 등 이제 학생 개개인이 4가지 평가요소에서 어떤 자기주도성을 보여주는가가 학생부 종합 전형에서 매우 중요합니다.

입시를 앞둔 수험생에게

끝날 때까지는 끝난 것이 아닙니다. 지금의 내 성적으로 합격할 수 있을까? 내신성적이 계속 떨어지고 있는데 합격할 수 있을까? 난 아무런 활동을 한 게 없는데 합격할 수 있을까? 이런 고민보다는 우선 자신이 부족하다고 생각하는 것을 채울 수 있는 방안을 고민하세요. 성적이 떨어졌다면 극복하기 위해 어떤 노력을 할 것이지 고민해보세요. 떨어진 성적을 보고만 있을 것인지, 다시 학습계획을 세워 실천할 것인지 결정하세요. 앞에서도 이야기했지만, 학생부 종합 전형은 '학업역량, 인성, 전공적합성, 발전가능성'을 종합적으로 정성평가하는 전형입니다.

수험생을 둔 학부모에게

대학입시에서 학생과 학부모님의 '눈높이 일치'는 매우 중요합니다. 학생과 눈높이가 일치하지 않는 학부모님께 당부드리고 싶은 말이 있습니다. 담임교사 및 진학 담당교사의 도움을 받아, 학생이 선택한 과목과 현재 성적, 교과 및 비교과 활동 등을 종합적으로 판단하여 현실적으로 지원 가능한 대학을 생각해주셨으면 합니다.

학생의 실력으로는 현실적으로 상위권 대학 진학이 힘들 수 있다는 판단에도 불구하고 학생에게 무리한 요구를 한다면 자녀를 중심으로 생각하는 것이 아니라 학부모님 '주변의 시선'을 더 의식한다고 볼 수 있습니다. 그로 인해 학생은 더 위축될 수 있습니다. '대화를 많이 해주세요.' 대학입시에 성공한 학생과 학부모님을 살펴보면 대부분 대화를 많이 하는 가정이었습니다. 서로가 원하는 것이 무엇인지 공유하고, 이해하며 서로의 눈높이를 맞추기 위한 노력은 긍정적인 결과를 이끌어냅니다.

교육정책에 바란다

2015 개정 교육과정은 자신의 진로와 적성에 따라 다양한 과목을 선택할 수 있는 역량 중심의 교육과정입니다. 대학입시 중 학생부 종합 전형에 가장 알맞은 교육과정이라고 볼 수 있습니다. 교육과정을 통해 대학입시까지 이어지는 연계성 있는 교육입니다. 그러나 '공정성'의 문제로 학생부 종합 전형은 위축되고, 다시 '기-승-전-수능'으로 회귀하는 것처럼 보입니다.

교육과정대로 공부한 학생이 오히려 대학입시에서 피해를 볼 수도 있습니다. 객관식 선택형 시험으로는 창의적 인재를 양성할 수 없다는 취지에서 개정한 교육과정이 다시 객관식 선택형 시험인 수능이 더 '공정하다'는 주장으로 회귀하는 것 같아 공교육에 있는 교사로서 씁쓸합니다. 그럼에도 불구하고 현 입시 체제가 수시와 정시 비율이 한쪽

으로 쏠려 있지 않고 비교적 균형을 이루고 있다는 면에서는 다행이라

고 생각합니다.

학생부
종합전형
핵심전략

초판 1쇄 2020년 12월 11일

지음 신홍규 · 윤윤구 · 장성민 | **편집** 북지육림 | **본문디자인** 운용 | **제작** 제이오
펴낸곳 지노 | **펴낸이** 도진호, 조소진 | **출판신고** 제2019-000277호
주소 서울특별시 마포구 월드컵북로 400, 5층 19호
전화 070-4156-7770 | **팩스** 031-629-6577 | **이메일** jinopress@gmail.com

ISBN 979-11-90282-15-4 (43370)